广西哲学社会科学研究一般项目应用经济课题（批准号：11FJL003）

生态经济与广西资源节约型经济战略研究

The Strategic Study of Ecological Economy and the Resource-saving Economy of Guangxi Province

李敬湘 著

经济管理出版社
ECONOMY & MANAGEMENT PUBLISHING HOUSE

图书在版编目（CIP）数据

生态经济与广西资源节约型经济战略研究/李敬湘著. —北京：经济管理出版社，2018.6
ISBN 978-7-5096-5812-3

Ⅰ. ①生… Ⅱ. ①李… Ⅲ. ①区域经济发展—经济发展战略—研究—广西
Ⅳ. ①F127.67

中国版本图书馆 CIP 数据核字（2018）第 112284 号

组稿编辑：张　昕
责任编辑：宋　娜　张　昕
责任印制：司东翔
责任校对：赵天宇

出版发行：经济管理出版社
（北京市海淀区北蜂窝 8 号中雅大厦 A 座 11 层　100038）
网　　址：www. E-mp. com. cn
电　　话：（010）51915602
印　　刷：三河市延风印装有限公司
经　　销：新华书店
开　　本：720mm × 1000mm/16
印　　张：13
字　　数：175 千字
版　　次：2018 年 6 月第 1 版　　2018 年 6 月第 1 次印刷
书　　号：ISBN 978-7-5096-5812-3
定　　价：98.00 元

联系地址：北京阜外月坛北小街 2 号
电话：（010）68022974　　　邮编：100836

摘　要

发展生态经济与资源节约型经济是21世纪各国发展面临的重要战略任务。本书在对生态经济学和可持续发展战略理论进行全面梳理的基础上，对广西资源节约型战略进行了系统的研究：首先，对广西经济发展面临的资源"瓶颈"和发展资源节约型经济的战略意义进行了系统分析；其次，阐述了广西资源节约型战略的内容、措施，阐述了资源节约型经济的两种形态——循环经济和低碳经济，循环经济两种类型——动脉产业与静脉产业；再次，阐述了资源节约型经济的产业发展——生态工业、生态农业、生态服务业和新兴产业的发展思路；最后，对资源节约型经济的发展机制、制度安排和各种政策进行了较详尽的研究。

目 录

第一章
基本概念与理论

本书旨在探讨符合生态经济规范的广西资源节约型战略。在做出这一探讨之前，要认真对相关概念予以准确的界定，使本书的思路能够清晰有序地展现，避免各种相似概念的混杂理解可能给人们的思想带来混乱。

生态经济是首先出现的概念，在生态经济与资源节约型两个概念之间，要有“可持续发展”概念作为中介。本书将生态经济作为一种经济形态，将可持续发展作为一种发展观来解说。

第一节　生态经济

一、生态经济的概念内涵

生态经济是指在生态系统承载能力范围内，运用自然科学、技术科学、经济学与系统工程方法，改变经济运行方式，合理利用自然资源与优化环境，实现自然生态与人类社会的高度统一和可持续发展的经济。

从系统论的观点来看，生态经济是“社会—经济—自然”综合系统，是自然生态系统与社会人工系统的结合，在系统构件上包括物质代谢关系、能量转换关系及信息反馈关系。生态经济要求这些关系处于总体协调状态，体现在综合系统内的结构上平衡、功能上齐全、过程上顺畅。

生态经济的本质就是遵循生态规律和经济规律，把经济发展建立在生态环境可承受的基础之上，实现经济发展和生态保护的“双赢”，兼顾经济效益、社会效益和生态效益，建立经济、社会、自然良性循环的复合型生态系统。

生态经济在自然资源可持续利用的基础上发展经济，生态经济原则体现在不同层次的生态经济形式上。以下是三个互动的层面：一是小层面即单个企业层面的生态经济，简称单一型生态经济；二是中观层面即企业之间的生态经济链，简称结合型生态经济；三是宏观层面即社会层面的生态经济层，简称复合型生态经济。

企业作为实施生态经济的主体，也是体现生态经济效益最直接的承载体，结合型生态经济和复合型生态经济都是建立在发展生态企业这一层面之上的。只有企业积极参与其中，实行生态管理，实现“最佳生产，最佳经营，最少废弃”，才会更好地推动整个社会经济的可持续发展。

国民经济管理要体现生态与经济的统一性，不仅遵循市场经济规律的要求，还要遵循自然生态规律的要求，实现社会效益、经济效益和生态效益的“三赢”。

二、生态经济必须具备的要点

作为生态经济，必须具备如下要点：

1. 人类社会的经济系统演化不破坏生态系统的完整

生态系统是一个整体，它是由自然界中所有生物群落共同形成的统一的整体，相互之间通过能量和物质的交换，与其生存的环境不可分割地相互联系、相互作用着。换句话说，生态系统就是在某一地域范围内，生物及其非生物环境（物理环境）之间进行着连续的能量和物质交换所形成的一个生态学功能单位。从类型上看，森林、草原、荒漠、冻原、沼泽、河流、海洋、湖泊、农田和城市等都是一个个生态系统；从区域上看，分布有森林、灌丛、草地和溪流的一个山地地区，或是包含着农田、人工林、草地、河流、池塘和村落与城镇的一片平原地区都构成生态系统。最大的生态系统就是生物圈。任何一个能够维持其机能正常运转的生态系统，必须依赖外界环境提供输入（太阳辐射能和营养物质）和接受输出（热、排泄物等），所以它是一个开放系统。在一定限度内，生态系统本身都具有反馈机能，使它能够自动调节，逐渐修复与调整因外界干扰而受到的损伤，维持正常的结构与功能，保持其相对平衡状态。因此，它又是一个控制系统或反馈系统。

社会经济系统是建立在生态系统之上的，人类的生产、交换、消费等活动在经济系统内发生，但影响着生态系统的环境，利用着生态系统的资源。社会经济系统的演化是朝着对生态系统的环境影响越来越大、对自然资源的利用越来越强的方向。这些影响与利用必然会损坏原有的生态系统构件，如果这些损坏没有超出生态系统的自动调节功能，就说明经济系统演化没有破坏生态系统的完整，从而具有生态经济的状态。

2. 在社会经济发展当中努力保持生态平衡

像自然界中其他任何事物一样，生态系统也处在不断变化发展之中，是一种动态系统。自然科学揭示，生态系统是按照一定规律向着组成、结构和功能更加复杂化的方向演进的。当生态系统的演替进入成熟时期，生物种类多，食物链较长，结构复杂，功能效率高，对外界的干扰压力有较强的抗御能力，因而稳定程度高。这是由于系统经过长期的演化，通过自然选择和生态适应，各种生物都占据一定的生态位，彼此间关系比较协调而依赖紧密，并与非生物环境共同形成结构较为完整、功能比较完善的自然整体。生态系统的生物种类越多、食物网和营养结构越复杂便越稳定，生态系统的稳定性是与系统内的多样性和复杂性相联系的。

当生态系统处于相对稳定状态时，生物之间和生物与环境之间出现高度的相互适应，种群结构与数量比例没有剧烈变动，生产与消费和分解之间，即能量和物质的输入与输出之间接近平衡，结构与功能之间相互适应并获得最优化的协调关系，这种状态就叫作生态平衡。

人类的经济活动很容易打断多种生物种类的食物链，扰乱物种与环境之间的联系。为此，人类的经济活动必须控制其行动后果，努力维持生态系统的稳定性与系统内的多样性、复杂性。人类加入自然界的能量和物质的输入与输出必须接近平衡。这些努力的综合就是构建生态经济。

3. 人类利用自己的力量维护、增强生态系统的自我调节

生态系统的一个重要特点是它常常趋向于达到一种稳态或平衡状态，这种稳态是靠自我调节过程来实现的。调节主要是通过反馈进行的。

当生态系统中某一成分发生变化时，必然会引起其他成分出现相应的变化，这种变化反过来又会影响最初发生变化的那种成分，使其变化减弱或增强，这种过程就叫反馈。反馈现象既表现在生物组分与环境之间，也表现于生物各组分之间和结构与功能之间。在无外力干扰下，反馈机制有自我调节的作用。当生态系统受到外界干扰破坏时，一般都可通过自我调节使系统得到修复，维持其稳定与平衡。

但是，生态系统的自我调节能力是有限度的。当外界压力很大，使系统的变化超过了自我调节能力的限度即“生态阈限”时，它的自我调节能力会随之下降，以致消失。这将导致系统结构被破坏，功能受阻，进而招致生态平衡失调。人类应当做的，就是使自己不要成为那种突破“生态阈限”的外界压力。如果人类某种活动已经成为这种压力，就应有其他举措来增强生态系统的自我调节能力，最终保持生态平衡不会招致失调。这两方面的努力都包含在生态经济的行为当中。

4. 生态经济包含的资源节约内涵

人类的经济活动本身就是利用自然资源的活动，这类活动之所以能够破坏生态系统的完整。破坏生态平衡、损害生态系统的自我调节能力，都是过度利用、不合理利用资源的结果。生态经济的立足点，就是节约资源，即高效利用资源。包括让单位资源消耗得到更多的产出，以及用更丰富的资源品种替代较稀缺的资源品种。生态经济的总目标是资源利

用的持续性，它包含三个维度：①时间维是力求资源永续利用，让后代人对自然资源应该拥有同等或更美好的享用权和生存权，当代人不应该牺牲后代人的利益换取自己的舒适，应该主动采取“财富转移”的政策，为后代人留下宽松的生存空间，让他们同我们一样拥有均等的发展机会。②空间维是控制区域的资源开发利用和区域发展不损害其他区域满足其需求的能力，合理做到区域间资源共享和共建。③转化维是使一个系统产出的废弃物能转化成为本系统或者另一个系统的生产原料，不成为污染源，实现废弃物的资源化。

资源利用在效率维上的高效性，即“低耗、高效”的资源利用方式。它以技术进步为支撑，通过优化资源配置，最大限度地降低单位产出的资源消耗量和环境代价，来不断提高资源的产出效率和社会经济的支撑能力，确保经济持续增长的资源基础和环境条件。

三、生态经济要求的实践原则

发展生态经济，首先是在学术理论上创立生态需求理论，探讨生态价值、生态经济效益、生态经济协同发展原理等。针对城市与农村两个不同的人工生态经济系统，要设计各自的最佳生态经济模式。其次，在实践中要有不同层次的建树。

1. 发展生态经济要树立和谐、协调、统筹的理念

构建和谐社会、实现可持续发展必须走生态经济之路。人、社会与自然的和谐统一是密不可分的。从人与自然之间的和谐、人与人之间的和谐这两个层面来理解和谐社会，和谐应是尊重自然规律、经济规律、社会规律的必然结果，是可持续发展的客观要求。和谐社会是有层次的，其核心层是人与人之间关系的和谐，即人与人的合理地调节相互之间的利益关系，平等相待，协调地生活在社会大家庭之中，呈现社会的政治、经济和文化协调发展。和谐社会的基础层必须有一个稳定和平衡的生态环境。和谐社会必须在一个适宜的生态环境中才能保持发展，没有平衡

的生态环境，社会的政治、经济和文化不能生存和发展。因而，生态和谐是和谐社会的基石。反过来，和谐的人际关系也是人与自然之间和谐关系的有力保证，没有这一保证，各地域、各群体的人们就会盲目争夺资源，不顾全局利益而损害自然生态的平衡。因此，人与自然生态和谐和人际关系的和谐相辅相成，共同维系着和谐社会。

根据上述道理，在经济生活中，要改变环境与经济发展不兼容的传统思维，重视在发展经济中维护生态平衡，树立环境与发展两者应是协调统一的整体的生态经济学观念，深刻领会人口、资源、环境与社会经济在发展中是相互关联、相互制约、相互依存的矛盾对立统一体，充分强调生态保护对国民经济和社会发展的重要作用，充分认识保护生态环境就是保护生产力，改善生态环境，就能发展生产力。

2. 发展生态经济要更新经济增长方式

大力倡导发展生态经济，与转变经济增长方式有着内在关联。我国正处于高速增长的时期，要特别注意发展道路再也不能重蹈过去掠夺式开发的覆辙。为此，就要避免发达国家在现代化进程中有增长无发展的片面的发展模式，这种模式是难以为继的。我们应当自觉地走生态经济协调发展的道路。经济增长是有代价的。我们应选择低代价的经济增长方式，即符合生态经济的方式。否则，如果以破坏和牺牲生态环境为代价，即使有经济高增长，这种增长也必然走到得不偿失的地步。此外，我国的发展要发挥后发优势，一个很重要的方面就是要充分认识和发挥生态经济的裂变效应。它会带来由新资源推动的经济发展，给原有的工业、农业、服务业以新的业态，使生产成为不损害环境的清洁生产，消费成为可再生利用的消费。

3. 发展生态经济要更新政府经济职能与计划调节工作

发展生态经济必须进一步解放思想，更新观念。要确立统筹兼顾的科学发展观，在提高经济效益的同时不断改善生态环境，提高自然利用效率。要把发展生态经济作为21世纪的一项重大的发展使命，明确发展目标，确立“立足生态、着眼经济、全面建设、综合开发”的发展思路，实现资源开发与资源培植相结合，生态建设与经济发展相结合。要根据我国的国情，发展生态农业、生态林业、清洁能源、有机食品工业、生态建筑、生态旅游业和环保产业等。在尽量少破坏生态环境的前提下高标准、高起点、大力度地建设绿色通道，发展生态交通。这些产业的发展不仅将有力地提升我国经济竞争力，而且还有利于扩大就业。要以发展生态经济为契机，对经济结构进行大力度调整。要利用发展生态经济进一步吸引和利用外资，扩大开放，同时通过进一步扩大开放、促进生态经济发展。

在宏观上，要进行生态经济区划和规划，以便根据不同地区的自然经济特点发挥其生态经济总体功能，获取生态经济的最佳效益。为了将生态经济纳入整个社会发展计划，就要制定国家的生态经济标准和评价生态经济效益的指标体系；在重大经济建设项目列入发展计划之前，要做出生态环境经济评价；要设计生态与经济协同发展的管理体制与政策，制定生态经济立法。

4. 发展生态经济要更新产业运行方式与企业经营管理方式

生态经济从理论到实践都是新生事物。这种发展源于现代科技的日新月异，也源于群众智慧的创造发挥。所以，发展生态经济的关键在于创新，在于发展过程、发展机制和发展环境的优化，在于人的素质的不断提高、科技创新的高效转化、企业和基地的带动辐射、服务网络的全面覆盖。这是我国在推进生态经济发展过程中应着力抓好的关键环节。

在微观上，要计算生态成本，首先是依据自然资源的经济评价而制定自然资源的财富价值，运用于进出口方面。对资源利用的生态经济效益计算要先分别计算投入和产出，再用产出减去投入，求得净效益；或用产出除以投入求得投入产出比。净效益越大或投入产出比越高，说明生态经济效益越好。在计算时，还要考虑效益与远期效益的结合，以及生态效益与经济效益的统一等问题。

不恰当的资源利用造成的生态经济损失，可用实物量表示，也可用价值量表示，后一种方法便于将不同的损失加以汇总。生态经济损失中包括明显的直接损失和隐蔽的间接损失，后者往往需要经过多年之后才能完全显示出来。若计算某一系统的生态经济损失，其方法需要逐步改进。

第二节　可持续发展观及其战略

一、可持续发展观

自 20 世纪后期以来，人类面临严重的资源危机、环境危机。经济发展和人口增长产生的对资源与环境的需求趋向超过地球生态系统资源与环境的供给能力。资源枯竭，尤其是石油的枯竭，将使人类的生存、发展面临极其严重的挑战。成立于 1968 年的罗马俱乐部的科学家们，在 1972 年发表了题为“增长的极限”的研究报告。报告作出了以下论证：如果让世界人口、工业化、污染、粮食生产和资源消耗按现在的趋势继续下去，这个行星上的增长极限将在今后（1972 年）一百年中发生。该报告发出的资源供给和环境容量无法满足现有经济增长模式的首次警告，在全球学术界和政界引起了强烈反响。国际机构、各国政府和学者就资源环境危机和可持续发展问题展开了热烈讨论，就可持续发展问题达成了很多共识。“可持续发展”概念于 1980 年首次出现在世界自然保护联盟（IUCN）的文件《世界自然保护战略》中，该文件从生物资源保护的角度提出，“可持续发展强调人类利用生物圈的管理，使生物圈既能满足当代人的最大持续利益，又能保护其后代人需求与欲望的潜力”。

国际学术界和各国政府提出的可持续发展理念，主要有以下内容：

（1）可持续发展的基本原则。公平性原则，包括代内公平和代际公平；持续性原则，强调资源的永续利用和生态环境的可持续性；共同性原则，强调实现可持续发展，是人类共同的道义和责任。

（2）可持续发展的物质基础是资源的持续利用。为实现这种持续利用，提出了最低安全标准，即社会使用可再生资源的速度，不得超过可再生资源的更新速度；社会使用不可再生资源的速度，不得超过作为其替代品的资源的开发速度；社会排放污染物的速度，不得超过环境对污染物的吸收能力。

（3）用新的指标体系来衡量社会经济发展，不再以产品与劳务的增长作为衡量经济进步的唯一标准，研究要建立包括经济、社会、生态在内的综合多领域状态的可持续发展核算体系，用以评价各国可持续发展的状况和可持续发展能力。

上述世界主流的可持续发展理念，使人类的发展观出现了革命性的进步。

然而，在现实的可持续发展观当中，以西方为代表的可持续发展观，由于对全球资源、环境危机的性质和根源缺乏正确认识，相信市场激励与科技进步能自动解决可持续发展面临的环境问题、资源替换问题。认为市场机制可通过资源价格的变动反映资源的稀缺状况，一旦资源面临枯竭，资源价格上涨会促使人们寻找替代资源，而科技进步为资源替换提供了技术手段。这方面的思想存在以下缺陷：第一，看不到造成非持续发展的主要根源在于私人资本利益主导下的大工业生产方式，使经济增长建立在对资源的掠夺性开采和索取上，经济发展采取高增长、高投入、高消耗、高污染的发展模式，造成了严重的生态失衡和环境破坏。各国虽然对高投入、高消耗的生产模式和浪费型的高消费模式进行了批判，但没有意愿和能力更替这种生产模式和消费模式。相反，各国政府仍旧以追求经济增长为中心，竭力不损及目前的生产方式和消费方式。第二，可持续发展的核心问题是建立发展的可持续资源和环境基础。各国很重视环境问题，却低估了资源危机的可能性和严重性，没有建立可信的资源替换方案或者资源代际分配计划，对资源可持续利用缺乏具体的对策。发达国家的可持续发展战略带有资源色彩，但只限于降低不可更新能源（石油、天然气等）的消耗，发展太阳能、风能等可再生能源；只强调对生物多样性和其他重要资源的保护，而没有应对资源危机的全面的资源替代战略。这说明西方忽视了在一定阶段和一定的技术水平下，爆发资源危机的可能性和现实性。第三，盲目相信自发的科技进步能解决可持续发展所面临的资源问题、环境问题，忽视了现实中科学技术对资源与环境的影响具有两面性：一方面，它是最终解决资源与环境问题的手段；另一方面，在科技进步完全服从资本利益时，它在推动生产力向前发展和社会财富增长的同时，由于其巨大的杠杆作用，会迅速消耗大量宝贵的资源，对环境造成严重的污染。认识上的片面性导致实践中的盲目乐观，各国政府都缺乏有效的应战资源与环境危机的科技发展战略和发展规划。第四，发达国家的可持续观念忽视了世界人口的增长对全球生态系统所构成的压力，尤其是忽视了发展中国家庞大的贫困人口（约占世界人口 1/3）过度依赖现存的生物资源、土地资源与矿产资源过活，直接破坏着自身赖以生存和发展的生态环境，成为生态危机的重要原因。发达国家和它们主导的国际机构对发展中国家的扶贫和发展援助本来就不够，而自从东欧剧变、苏联解体之后，这方面的作为更趋于冷淡和后退。不仅忽视了发展中国家的发展权，甚至推行生态（环境）标准，对发展中国家的发展设立种种贸易壁垒，阻碍这些国家的发展，削弱了这些国家的可持续发展能力。第五，国际社会对于环境保护，在气候方面的具体行动较为得力，如为保护大气层、遏制温室效应，联合国气候大会对世界做出了限制碳排放的具体措施，对世界各国实行“平等而有区别”的政策原则，欧洲发达国家起带头作用。但对于资源分配的协调与限制没有多少有效措施，对控制世界人口增长的重视也不够。对于全球性资源匮乏，各国仍然以实力争夺为主。争夺所凭借的实力既有经济的，又有军事的、政治的。美国政府的资源战略，仅仅是通过全力发展强大的高技术军事力量来保障自己的资源和能源安全。21 世纪以来，作为世界唯一的超级大国，美国历届政府在中东或是挑起战乱，或是直接发动战争，目的就在于控制世界石油资源，以达到称霸世界和保障自己能源供应的目的。这当然是在破坏可持续发展。

许多学者认为，发展知识经济就是实现可持续发展的根本途径。显然，无论是教育、科研、咨询、策划等知识产业，还是信息技术、生物技术、新材料技术、新能源技术和航空航天技术所孕育的大量高科技知识密集型产业，都将大大提高资源的利用效率，有很大的发展空间。对此，我们要认识到，知识经济是一个大概念，包含丰富、深刻的内容，并且随着时代的前进，人们将不断赋予它新的内涵。当前，人们所理解的知识经济，主要体现在以信息技术（IT）为技术平台、以金融为业务手段的产业部门上，而所谓“虚拟经济”更是知识经济的典型。但是，知识经济并不意味着取代物质经济使人类进入虚拟经济时代，二者是相互依存又相互独立的部分。随着人口规模扩大和人类日益增长的物质需求，随着发展中国家消除贫困、推进工业化的进程，世界农业、工业等物质生产部门的规模还会继续扩张，对资源与环境的消耗还会继续增长。知识与技术只能节约资源的使用和消耗，延缓危机的到来。也就是说，知识经济只是实现可持续发展的重要途径，仅仅依靠知识经济的发展，是不能全面应对人类面临的资源和环境危机的。

二、可持续发展战略

人类需要在可持续发展观的指导下制定富有远见的战略，才能实现可持续发展目的。由此需要如下战略要点：

1. 可持续发展战略首先是环境保护战略

各国都把环境保护放在国家发展的优先地位，强调运用环境税、产权界定等经济、行政、法律手段，来保护森林、淡水、耕地、海洋、大气免受污染和破坏。

2. 在工业领域推广清洁生产战略

所谓清洁生产，就是在工业生产中通过产品设计、原料选择、工艺改革、技术管理、生产过程内部循环利用等环节的科学化、合理化，最大限度地减少生产废弃物。循环利用生产中排放的废弃物，变废为宝，减少污染。

3. 资源战略

可持续发展的物质基础是资源的可持续。当经济发展所依赖的资源尤其是不可再生资源面临枯竭时，必须及时找到替代资源，尤其是用可再生资源替代不可再生资源。从长远看，非再生资源终究要枯竭，物质生产所依赖的资源终究要向可再生资源转换。

4. 能源战略

能源是资源的一类，但应当单独列出，高度关注。因为在 21 世纪，最紧迫、对人类生存影响最为重要的资源危机是化石能源危机。用可再生能源替代不可再生资源是能源发展的未来方向。可持续发展战略必须把新能源技术的开发放在首位。石油、天然气、煤炭等化石能源的可开采时间已不长久。这些能源一旦枯竭，在目前技术条件下能替代石化能源的可再生能源——水电、风力发电、地热能发电、潮汐能发电及生物质能，尚不能满足现代工业、农业、交通运输、城乡居民生活对能源的需求。而太阳能、氢能、核聚变能等潜力巨大的新能源，其利用技术远不成熟，离商业用途还十分遥远。作为地球最后也最有潜力的可再生能源——太阳能，其大规模利用技术，尤其是储备技术，短期内还无法开发出来。因此，要实现可持续发展，化解能源危机，必须加快新能源技术开发。此外，矿物燃料（石化能源）是地球气候变暖、灾害频繁发生、臭氧层被破坏的主要原因。如果人类能开发出包括太阳能、氢能、核聚变能和生物质能等在内的无害环境的新能源利用技术，减少二氧化碳的排放量，地球环境状况将得到根本改观。

石油、天然气、煤炭仍是当下重要的化工原料。目前，全球大约 1/3

的生化资源被用作化工原料，而非动力原料或燃料。各种工业原料，比如重要化学纤维、化学材料，及农业生产大量使用的化肥、农药、农膜，都依赖于石油、天然气、煤炭等化工原料。化石资源的枯竭，不仅会打击能源供应和化学工业的发展，而且会导致化肥、农药供应中断，农业大规模减产，形成全球性食品危机和饥荒。因此，可持续发展需要转变化石能源作为燃料的用途，使其脱离能源种类关系。

5. 科技发展战略

科学技术是解决资源、环境危机，实现可持续发展的基本手段。人类应根据资源、环境与经济发展的需要，制定高瞻远瞩的科技发展战略，重点发展清洁生产工艺技术、资源循环利用技术、新能源技术、生物技术及生态环境技术，以保证人类的可持续发展能力。科技对可持续发展的作用在于以下方面：

（1）科学技术是第一生产力，是现代经济增长的主要源泉。科技进步会提高资源的利用效率，寻找替代资源、扩大生产的可能性边界。科技进步会导致一大批高新技术产业的诞生和教育、科研等知识产业的发展，拓展产业发展的空间。例如，信息技术的发展带动微电子产业、通信产品、计算机等电子产品的制造和发展，带动软件、信息传播、信息咨询与信息服务业的发展，成为当代推动经济高速增长的主导产业。生物技术将分离出生物农业、生物化工、生物材料、生物能源、生物制药、生物食品、生物信息等十余个门类的技术，并可孕育出众多的生物产业。21 世纪以来，类似信息技术、生物技术的高新技术还有新能源技术、新材料技术、航空航天技术等。这些高技术产业和知识产业具有广阔的发展空间，会促使资源消耗型的经济体系转换为资源节约型经济体系。

（2）保护生态环境、治理环境污染，要依靠科学技术。像环境化学、分析化学、生态学等学科的发展，为人类认识环境问题提供了科学依据。而生态技术、清洁生产的工艺技术，各种有毒物质的分离技术、节能节材技术，则大大减少了生产过程中排放的各种废弃物和有毒物质，为环境的治理提供了技术手段。此外，地球科学和空间遥感技术在探测自然资源、监测自然灾害和环境恶化方面，有着巨大的应用前景。

（3）生物技术的发展，既可从生物质中提取各种生物质原料，以替代石化原料，满足工业原料的需要；又可通过开发各种生物肥料、生物农药，如种植固氮作物、开发固氮微生物、用生物技术抑制农作物的病虫害，来满足农业发展的需要。因此，防止农业危机，尤其是粮食危机，离不开生物技术的发展。生物技术的发展还将使人类摆脱以大型农业机械为代表的石油农业的道路，使农业走上可持续发展的道路。

（4）物质减量化（Dematerialization），指降低产业生产过程中的物料消耗和能源强度。建立在科技发展基础上的物质减量化是为解决经济发展与环境之间矛盾关系而提出的一种研究思路，要求在同样多的甚至更少的物质基础上获得更多的产品与服务。矿石等原材料的需求经历数个阶段，与成熟工业有关。最终工业产品中所用物质的重量随着时间而逐渐减少，低质量的物质材料会被高质量或技术更强的物质材料所取代。经济活动中，原材料（能量和材料）利用强度的减少，其衡量指标是以物理单位元表示的物质消耗量同国民生产总值（GDP）的比值，服务于经济功能所需要的物质量的绝对或相对减少。

三、可持续发展的调节机制

1. 原有市场机制的局限性

以私有产权为基础的市场调节机制，能有效地实现资源的合理配置，保证生产要素配置到最需要它的部门、地区和最有竞争力的企业，形成合理的产业结构和资源的高效利用。同时，以私有产权制度为基础的市场经济制度能鼓励人们为追求自己的利益而努力工作，最大限度地激发人的创造性，激励企业的创新和发展，从而推动生产力向前发展。因此，市场调节机制是到目前为止最有效的促进经济繁荣与进步的机制。

但是，以私有产权为基础的市场调节机制在实现可持续发展方面有着严重的局限性：它能有效地激励私人企业提高生产效率，却不能有效解决私人企业经济活动带来的外部性及其对环境的影响。私人资本通常急功近利，不仅不会关心可持续发展这样长期性、全局性的问题，反而以掠夺资源、牺牲环境为代价去追求自己的利益。垄断大资本为了维护自己的既得利益，常常阻挠国际社会保护环境的努力，使人类在应对全球性资源、环境危机时处于滞后、被动的状态。

2. 实施社会性计划调节资源利用

从长远来看，伴随着科学技术的进步，伴随着新的替代资源的开发利用及对环境破坏很少的生产方式的出现，地球对人口的承载能力和资源环境对经济活动的负荷能力会不断扩大。但是，技术进步的速度并不是总能赶上经济增长对资源环境的耗竭速度。因为技术的进步受到人类认识能力的限制，有些技术的发明、创造只需要数月或数年的时间，而有些重大的技术突破可能需要数十年甚至更长的时间。因此，科技进步的自发发展不一定能及时实现资源替换、保证危机的解决。相反，在一定的时期和一定的技术水平下，资源、环境的承载能力存在无法突破的极限。此时，为保证人类免受危机的打击，必须有选择地实施社会性的计划调节。

为保证资源的可持续利用，有必要利用计划手段对可使用的资源总量实施限额开发，防止再生资源的过度损耗或非再生资源的过快耗竭，以保证资源的可持续利用。限额开发的自然资源包括具有战略意义的不可再生资源，如石油、天然气等。应科学测定其替代速度，为限量开采提供依据。对重要资源的开采实行许可证制度，以利于政府的监督与控制。政府对一些消耗这些宝贵资源的产业发展实施限制，以保证资源用在最需要的地方。出现资源日益枯竭时，结合一定时期内经济发展的需要逐年限量开采，并实施计划配置，按经济发展的各个产业的轻重缓急来分配。

对可再生资源，如森林资源、水资源、渔业资源，则根据其更新的规模和速度，实施限时、限量开采，以保证这些资源的消耗速度不超出它们的更新、恢复速度。例如，根据林木的成长速度计划每年最大的采伐量；对渔业资源在繁殖季节实施停止捕捞和休养生息的制度；对水资源实施节约用水制度，同时在各地区之间统一调度、公平分配。

计划调节主要是总量调节，它并不否定市场调节的作用。当资源逐年限量投放使用后，这些资源在各部门、企业或居民消费者间的配置一般由市场来调节。计划调节是为了实现资源的代际配置，体现可持续发展的要求；市场调节可以保证资源在代内的合理分配，提高资源的利用效率。先有计划调节，后有市场调节；先有代际的资源配置，后有代内分配。市场调节首先要服从计划调节。

山林、草原、湿地等是生态系统的重点区域。为保证生态系统的平衡与稳定，恢复生态平衡，有必要利用法律与计划手段，由政府提供各种政策措施，鼓励植被遭到破坏的地区，退耕还林、还草，蓄洪区退耕还湖；发展生态林和经济林，进行生态建设。改革资源的产权制度，明确资源产权，促进资源的保护、恢复、建设和合理开发、利用。

3. 利用经济杠杆调节产业形态与产业结构

经济杠杆是计划调节中适应市场机制的工具，包括政府部门的行政法规、信贷、税收、财政政策。根据各个时期制定的可持续发展战略，可以针对不同产业用经济杠杆加以调节。

对制造业，可借助政府的政策手段对企业实施有针对性的技术改造资助，鼓励其实施清洁生产，减少各种废料的排放，实现资源的循环利用。

利用经济杠杆实施绿色交通。轿车产业被视为工业化的支柱产业，是带动工业生产全面增长的引擎，消费生活体现工业社会的标志。实际上，如果中国像美国一样普及家用小汽车，无论是对石油产品的消费、对交通道路的需求，还是对空气保洁的达标，都将超出我们的承受能力。所以要有一整套鼓励性措施，以发展公共交通来替代大量消耗能源的轿车完成交通出行。

调整产业结构也需要借助经济杠杆，计划提供基本导向，辅以法规与政策等措施，使国民经济更有力地发展资源消耗低的高新技术产业、知识产业和服务业，建立资源节约型经济体系。这些产业依靠的知识和人力资本是可再生资源，还具有收益递增的效应。它们的发展不仅能使经济发展建立在知识、劳动力资源等可再生资源的基础上，还能降低自然资源的消耗，拓展产业发展的空间。

4. 利用计划手段调节收入分配和消费

在经济生活中，如果任凭各类社会成员对财富的占有和分配处于不平等状态，现有的资源很难满足人们的需要，尤其是贫困人口的需要。通过计划手段建立公平的收入分配体系和社会保障制度，既能满足全体社会成员基本的物质生活需要，又能抑制人们对财富的无止境的追求，抑制人们对资源、环境的掠夺和贪婪。

资本利益主导下的消费模式是浪费资源的高消费模式。在这里，人们拼命地追求享受，追求物质财富。消费脱离了保障劳动力的再生产、脱离了满足个人发展需要的本来目的，变成了为资本扩张、市场开拓服务的手段。特别是当社会需求不足时，市场主体会千方百计地用各种手段来刺激消费、启动需求，而不管消费的对象是否必要、是否浪费资源。多余的消费实际上体现着资本的利益。利用计划手段调节消费，首先要转变以物质财富为中心的消费观念，用经济手段抑制高耗能、高耗材产品进入私人消费领域，使人们满足基本的衣、食、住、用消费后，高层次消费转向资源消耗少、节能型的服务消费，发展能增加人力资本积累、提高个人能力和素质的教育培训消费、医疗保健消费、体育消费、文化娱乐消费，将个人的消费与可持续发展能力的培育结合起来。

5. 利用计划手段调节人口再生产

造成全球资源、环境危机的根源之一就是工业革命以来人口的爆炸性增长。随着产业革命的扩散，物质财富的增加，食物、医疗卫生条件的改善，近二百多年来，世界人口，尤其是最近半个世纪以来发展中国家人口快速增长，对全球生态系统形成日益巨大的压力。

据统计，世界人口在20世纪的100年里翻了两番，达60亿，现在每年仍以8000万~9000万的速度增长。至2025年，世界人口将超过80亿；到2100年，可能超过149亿。人口的急剧增长必然超越自然生态的承载能力，加快资源环境危机、能源危机、粮食危机的到来。特别是发展中国家，资本、技术缺乏，传统农业在经济中所占比重大，贫困人口多，只能依靠简单劳动、传统技术和小片土地生存，直接依赖自然界提供食物和燃料。结果就会毁林造田、乱砍滥伐、过度放牧、过度捕捞，对森林、草场进行掠夺式开发，破坏自然生态环境，导致森林消失、植被破坏、水土流失、土地沙漠化、草场退化、物种锐减、水产资源枯竭，形成人口增长、贫困和生态退化之间的恶性循环。

因此，追求可持续发展目标，不可避免地要通过计划生育来控制人口增长，使人口规模控制在资源与环境可以承受的极限之内。在控制人口数量的同时，大力发展教育、医疗保健，增加人力资本积累，提高人口的质量；通过扶贫开发，消除贫困与生态的恶性循环，为可持续发展提供良好的社会条件。

总之，世界经济和人类生存面临的危机表明，要实现可持续发展，人类必须对我们现有的经济社会系统开展有远见的、科学的调节等。显然，西方国家即使可以通过政策手段和法律手段部分消除市场运行的外部性，减少环境污染，却不能摆脱资本利益的束缚，限制生产、限制不合理的高消费，实现资源总量的计划调节和代际公平配置；而盲目相信市场机制和科技进步能自动解决资源代换，证明它们是何等的片面、短视：一旦技术进步不能解决资源替换、能源替换的问题，危机就会爆发。美国政府在对待全球可持续发展和环境问题上的立场说明，服从于大资本的眼前利益就无力解决工业文明的危机。只有真正实行社会主义市场经济体制，超越私人资本利益的束缚，在利用市场调节配置资源的优点的同时，善于对经济发展实施计划调节，才能面对生态危机，担当起可持续发展的重任。

第三节 资源节约的思想理论基础

本节本应放在第二章提出资源节约型战略之后，但为了使有关理论的介绍集中在第一章，特地提前到这里。

一、马克思、恩格斯的自然资源观

伟大的思想家马克思和恩格斯对经济发展、人与自然的关系等问题进行了大量的分析。马克思指出，资本主义生产方式一方面聚集着社会的历史动力，另一方面也破坏了人和土地之间的物质交换，破坏了土地持久肥力的永恒自我调节。马克思基于自然条件对人类生产活动的重要性，强调要合理利用自然资源。他指出："从一个比较高级的社会经济形态的角度来看，个别人对土地的私有权，和一个人对另一个人的私有权一样，是十分荒谬的。甚至整个社会，一个民族，以致一切同时存在的社会加在一起，都不是土地的所有者。他们只是土地的占有者，土地的利用者，而且他们必须像好家长那样，把土地改良后传给后代。"马克思肯定，利用科学技术改进生产工艺可以提高生产资料的使用率，变废为宝，减少资源浪费。同时，他还教人们把生产过程和消费过程中的废料投回到再生产过程的循环中去，从而无须预先支出资本，就能创造新的资本材料。在这里，马克思的观点实际上已经涉及了利用科学技术建立完整的生态经济体系、废物资源化和产业生态化问题。

马克思指出，劳动生产率也是和自然条件联系在一起的，这些自然条件所能提供的东西往往随着社会条件决定的生产率的提高而相应减少。因此，在这些不同的部门中就发生了相反的运动，有的进步了，有的倒退了。他还列举说明，“我们只要想一想决定大部分原料数量的季节的影响，森林、煤矿、铁矿的枯竭等，就明白了”。尤其是在农业中，社会生产力的增长仅能补偿，甚至补偿不了自然力减少——这种补偿只能起暂时的作用。在这里，马克思明白无疑地告诉我们，由社会条件决定的社会生产力的发展，确实会破坏由自然条件决定的自然生产力，使自然资源枯竭，生态环境恶化，导致人与自然、经济与生态之间的生态经济矛盾尖锐化。

同样，恩格斯针对工业化对自然环境的破坏和对自然资源的滥用提出过严重警告。恩格斯曾列举了美索不达米亚、希腊、小亚细亚、意大利、西班牙等地破坏森林的过程及其造成的水资源枯竭、土地沙漠化、山洪泛滥等严重后果，并告诫人们不要过分陶醉于我们对自然界的胜利。他强调，要“一天天地学会更加正确地理解自然规律，学会认识我们对自然界的惯常行程的干涉所引起的比较近的和比较远的影响”。

可以看出，在马克思和恩格斯对人类对自然资源的不当开发行为的批判中已经充分体现出“代际公平”的持续发展思想。

二、资源节约的思想理论在中国的发展

1. 毛泽东强调在社会主义经济建设中提倡节约、综合利用资源

毛泽东提出发展经济要节约并保护资源。他说：“必须注意尽一切努力最大限度地保存一切可用的生产资料和生活资料，采取办法坚决地反对任何人对于生产资料和生活资料的破坏和浪费。”他要求，“在生产和基本建设方面，必须节约原材料，适当降低成本和造价，厉行节约”。“在保证质量的条件下，大力节约原料、材料、燃料和动力。”这就告诉我们，只有节约才能有效保护自然资源，才能确保经济建设的顺利进行。毛泽东就如何节约提出了综合利用思想：“综合利用，大有文章可做”；“综合利用很重要，要注意”。他还说，综合利用就“和打麻将一样，上家的废物，就是下家的原料”。他告诫人们，要想多有赢牌的机会，就得

"吃上家的废牌"。毛泽东的节约利用、综合利用、"吃上家废牌"的思想，是节约资源和防治污染的重要方法，是当今循环经济理论和实践的先声。

节约生产以利增产。生产领域的节约表现为降低成本、提高效率、发展生产，而节约生产、勤俭建国是毛泽东谈得最多的经济观。毛泽东认为，节约是经济建设的重要方法和战略方针，他说："我们要进行大规模的建设，但是我国还是一个很穷的国家，这是一个矛盾。全面地持久地厉行节约，就是解决这个矛盾的一个方法……要使我国富强起来，需要几十年艰苦奋斗的时间，其中包括执行厉行节约、反对浪费这样一个勤俭建国的方针。"在毛泽东看来，节约应上升到社会主义经济发展规律的高度来认识，他说："节约是社会主义经济的基本原则之一。"

2. 邓小平时期结合新时期社会发展的实践，提出了资源节约的新观点

"邓小平时期"是指以邓小平为核心的第二代党中央领导集体当政时期。在改革开放起步的当时，中国就提倡内涵扩大再生产，为 20 世纪最后 20 年经济腾飞创造了条件。

社会主义社会的扩大再生产，由于采取的途径不同，可分为内涵的扩大再生产和外延的扩大再生产两种。在不追加生产资料和劳动力的情况下，通过提高劳动者的生产技术水平、改善劳动组织、开展技术革新、提高劳动生产率而实现的扩大再生，叫作内涵的扩大再生产。与此相反，单纯依靠增加生产要素的数量，即依靠增加投资、增加劳动力和设备而实现的扩大再生产叫作外延的扩大再生产。党的全国代表会议通过的"七五"计划建议提出，要"坚决把建设重点切实转到现有企业的技术改造和改建扩建上来，走内涵型为主的扩大再生产的路子"。这是积累多少年正反两方面实践经验总结出来的，是发展我国工业的一条重要的指导方针。"七五"计划期间确定的"内涵型为主的扩大再生产"就是在全面改革经济体制背景下，带有根本性质的资源节约型的经济发展方针。

3. 新型工业化道路与可持续发展理念的提出

党的十五大报告明确指出，要正确处理经济发展同人口、资源、环

境的关系，明确提出从粗放式向集约式的经济增长方式转变的思想。粗放式指主要依靠增加生产要素投入、追求产品数量的扩张的增长方式，而集约式指注重依靠科技进步和提高劳动者素质、加强管理、改善效益的增长方式。转变经济发展方式，既要求从粗放式增长转变为集约式增长，又要求从通常的经济增长转变为全面协调可持续的经济发展。这要转变发展观念、创新发展模式、提高发展质量，推动我国经济社会发展切实创造出经济效益与对人民的实惠。

在中国政府制定的21世纪可持续发展议程中，提出在严格控制人口、提高人口素质和保护环境、资源永续利用的前提下进行经济和社会的发展。

4. 科学发展观、循环经济与低碳经济发展战略

党的十六大以来，党中央在发展理念上，提出科学发展观的先进思想。

在党的十六大报告中指出，要不断增强可持续发展能力，改善生态环境，提高资源的利用效率。国家的发展规划突破了将GDP作为社会经济发展的核心和衡量指标的局限，这一衡量极易导致发展视野的狭隘化，给资源与环境问题的产生埋下诱因。在科学发展观的引领下，一是主张大力发展环保产业和循环经济。2004年，胡锦涛在江苏考察时便指出，各地区“在推进发展的过程中，要抓好资源的节约和综合利用，大力发展循环经济”。二是在社会构建上，提出资源节约型与环境友好型社会的思想。在党的十七大报告中指出，必须把建设资源节约型、环境友好型社会放在工业化、现代化发展战略的突出位置。坚持节约资源和保护环境的基本国策，关系人民群众切身利益和中华民族生存发展。三是将发展低碳经济作为建设生态文明的关键之举。2007年9月，时任国家主席胡锦涛提出了中国要发展低碳经济，要推广低碳能源技术，增加碳汇。2009年9月，胡锦涛出席联合国气候变化峰会，在题为“携手应对气候变化挑战”的演讲中提出“大力发展绿色经济，积极发展低碳经济和循环经济，研发和推广气候友好技术”。一个重要举措就是争取到2020年

非化石能源占一次能源消费比重达到15%左右。在哥本哈根气候变化大会上，时任政府总理温家宝发表了题为“凝聚共识，加强合作，推进应对气候变化历史进程”的主旨报告。强调发展以低能耗、低污染为基础的“低碳经济”。

5. 新的发展理念强调资源的高效利用与拓展

习近平总书记在关于第十三个五年规划的建议说明中，提出了“创新、协调、绿色、开放、共享”的五大发展新理念。基本上都与资源的高效利用与拓展有着内在联系。根据上述发展新理念，中国的经济发展要培育发展新动力，拓展发展新空间，深入实施创新驱动发展战略，构建信息化、生态化的产业新体系。抓住新一轮科技革命带来的机遇，将优势资源集聚到重点领域，力求在关键核心技术上取得突破。要以促进人与自然和谐共生为目标，推动产业的低碳循环发展，全面节约和高效利用资源。完善对外开放战略布局，推进“一带一路”（新丝绸之路经济带，21世纪“海上丝绸之路”）建设，以便拓宽中国利用世界经济资源的空间。

三、中国古代资源节约的思想

维护生态平衡，使自然资源得以永续利用的思想，在中国早期的历史中就萌芽了。

中国自古就有较发达的农业文明，而土地又是农业的根本，因此中国古代许多农学家非常重视土地的养护，提出了种地与养地相结合、合理使用土地、维护土壤养分平衡的理论主张。《吕氏春秋》就提出“地可使肥，又可使棘”的土壤肥力辩证观。儒家从“仁民爱物”的核心价值观出发，要求统治者按季节节律来役使民众，避免对土地的超负荷使用。汉代王充提出土地的肥瘠不是固定不变的，“性恶”的土地需要“深耕细锄，厚加粪壤，勉致人功，以助地力”（《论衡·率性》）。此后的许多农学家进一步发挥了种地与养地相结合的思想，主张因地制宜，实行农牧结合、豆谷轮作、农林牧相结合。另外，古人还提出过要保持资源再生能力，反对采取灭绝性的方式开发利用生物资源。《吕氏春秋·义尝》中写道："竭泽而渔，岂不获得，而明年无鱼；焚薮而田，岂不获得，而明年无兽。"汉代刘安在《淮南子》中指出："孕育不得杀，壳卵不得采，鱼不长尺不得取，彘不其年不得食。"这些颇有见地的思想主张都强调人类的生产活动要建立在维护资源再生能力的基础之上，体现了保护生态环境、维护生态平衡、永续利用自然资源的生态文明思想。

四、西方经济学关于资源节约的理论观点

在西方经济学建立之初，古典经济学家就在当时的社会生产条件下提出资源稀缺对经济增长和发展有限制作用。工业革命使环境污染、资源过度利用等问题逐渐显现，新古典主义者对此提出了资源利用的外部性、资源的优化利用等理论。

（一）古典经济学的资源论

该理论提出了自然资源和环境资源的稀缺性理念，由此对经济增长构成约束，从而产生资源分配及利用问题。具体分为以下理论：

1. 资源绝对稀缺论

以马尔萨斯（R. T. Malthus）的理论为代表。这种观点认为，在经济活动或整个经济系统依赖于某些物理有限的自然资源时，一旦这些资源逐渐耗竭，又没有替代品出现，资源的绝对稀缺会构成对经济发展的绝对约束。马尔萨斯集中考察了人口、资源和经济发展的关系，认为人口增长呈几何级数加速进行，而自然资源或生活资料的数量增长缓慢。从静态上看，人口与资源的矛盾可能并不突出，但从动态上看，人口增长有超过生活资料增长的趋势。在一段时间后，人口数量将超过自然资料所能承受的水平，从而导致经济停滞，人口又将以灾难性的形式减少。因此，必须控制人口的增长，使人口增长与生活资料的增长保持较好的平衡。在他看来，无论是资源物理数量的有限还是经济上的稀缺，都是

必然存在的，而且是绝对的，不会因技术进步和社会发展而有所改变，资源稀缺不可避免地构成对经济增长的约束。马尔萨斯理论的缺陷是低估了技术进步的作用，而且没有看到随着收入和教育水平的提高，人们的生育观念和对家庭规模的态度也会发生改变。资源绝对稀缺论把资源视作匀质的，而且最终总有极限的，这种观点后来被增长极限论所发展。

2. 资源相对稀缺论

以亚当·斯密（A. Smith）和大卫·李嘉图（D. Ricardo）为代表人物。这种观点认为，相对于人类的需求来说资源是有限的，不存在资源的绝对稀缺，仅存在资源质量下降的相对稀缺。当资源被消耗时，质量下降，其稀缺性就上升，单位生产边际成本提高。

亚当·斯密认为，资源的相对稀缺性将在商品的市场价格中得到反映，国民财富的增长与人口的增长相互促进，但一国财富的水平和增长速度会给人口的发展规定一个限度。他不认为自然资源的稀缺会给经济增长带来绝对约束。理由是，国民财富来源于劳动，国民财富的增长取决于两个因素，即劳动生产率的提高和生产性劳动者人数的增加。在资本积累的前提下，由劳动分工细化而提高劳动生产率，会实现国民财富的增加。

大卫·李嘉图作为亚当·斯密的继承者，对国民财富的增长做了进一步的研究。在他看来，自然资源存在异质性，如土地有自然肥力的差异。随着需求增加，这些资源将按照从高到低的质量排列逐步得到开发利用。他实际上否认了自然资源利用的绝对极限，只承认高质量的资源才存在相对稀缺。随着经济发展和人口增加，对粮食的需求将扩大。由于报酬递减规律的作用，人们将扩大利用资源的范围并不断增加投资，使粮食的价格上涨。这样，地租不断提高，利润不断下降，促使资本积累减少和劳动生产率降低，从而迫使经济增长速度放慢甚至转为停滞。然而，在此过程中，生产技术的创新和进步通过提高土地的生产力或提高单位劳动的产出量可部分抵消报酬递减规律对经济增长的约束作用。

资源相对稀缺论后来被新古典主义所发展，并成为新古典主义经济分析的核心。该理论认为，在市场经济中，一旦物理性稀缺资源被转化为以价格形式反映的相对稀缺性时，经济系统会自动通过某种资源替代，或运用资本与劳动的结合等形式开发和优化利用这种资源，从而对价格信号做出反应。也就是说，不断上升的相对成本会刺激技术进步，导致质量更优越的替代资源出现，或使资源得到更有效率的开发利用，经济增长可能使特定资源存量出现暂时的、不断增加的相对性稀缺，但不会构成对经济增长的绝对约束。

3. 静态经济论

穆勒（J. S. Mill）在其《政治经济学原理》一书中，将稀缺的概念延伸到环境方面。他认为，经济系统中的土地资源除具有生产功能外，还具有人类生活空间和自然景观的功能。自然提供的某些服务，如自然美、休闲和愉悦等，正遭受着进一步经济增长所带来的环境后果的威胁。而且，这些基本服务的稀缺可能早在报酬递减规律构成对经济活动的约束之前就对人类福利造成了严重影响。穆勒对单纯追求经济增长的观点提出了批评，呼吁社会要重视经济利益的分配和人口控制。他认为，虽然有限的土地数量和有限的土地生产力构成真实的极限，但这一极限只是无限未来的事，社会进步和技术革新不仅会拓展这一极限，而且可以无限推延这一极限。这实际上是对马尔萨斯资源绝对稀缺论的否定。

（二）新古典主义的资源与环境经济思想

在工业革命迅猛发展背景下形成的新古典经济学抛弃了古典经济学的传统，开始将生产、消费、福利、分配与自然资源、生态环境割裂开来，忽视任何自然资源稀缺性对经济增长约束的可能性，只强调市场作用和资源优化配置问题。对劳动和资源价值的“实际成本”的古典思考被掩盖了，注意力转向了效用、交换和效率。许多新古典经济学家认为，在生产和消费过程中被利用的特殊的自然资源，如原材料和能源，所显示的相对稀缺性与其他作为生产要素的经济资源的相对稀缺性无异。而且，在一个动态经济的最优市场条件下，自然资源的相对稀缺性并不能对经济增长起长期约束作用。因为当一种特殊资源逐渐相对稀缺时，其市场价格将上升，这将给技术创新提供激励，以更有效率地开发其边际存量，寻找其替代品，或者通过减少需求来保护现有供给量的利用。当然也有一些经济学家清醒地看到资源环境经济的一些问题，并对其进行了探讨。

新古典经济学的集大成者马歇尔（A. Marshall）对资源、环境、经济发展等理论都有贡献。他承认，资源稀缺将导致产品价格上升，人口增长将导致对生活资料的压力，但否定这种稀缺构成经济增长的约束，认为组织和知识的增进以及其他创新将阻止土地稀缺和报酬递减规律对经济增长的约束。他把知识作为最有力的生产动力，认为知识对经济增长具有重要的和日益增加的作用。马歇尔认为，报酬递减规律适用于农产品和鱼类的供应，对储存有限的矿物产品则不适用，但是耗竭性资源的相对稀缺却仍能通过较高的市场价格得到反映。

马歇尔的研究具有一定的适用性，但是在出现政府干预、市场失效和生产外部性的情况下，市场价格就难以反映耗竭性资源的相对稀缺；由于生产的外部性影响，环境的经济功能也常常游离于市场之外。

英国经济学家阿瑟·庇古（Arthur C. Pigou）是最早研究代际间资源分配问题的经济学家之一。他认为今天的储蓄和投资决定也包含着代际间的收入分配问题。他怀疑在完全理性基础上能否实现代际间的资源最优分配，正值贴现率不利于资源的代际公平分配。庇古还给出了许多例证说明这个观点，比如，在鱼产卵季节捕鱼会导致鱼类的逐渐消亡；过度开发利用农田将耗尽土地肥力；不珍惜目前看似丰富的不可再生资源会引致资源未来的短缺。为了保证未来人们的福利，庇古建议实行以下一些措施：取消储蓄税以使储蓄增加，政府通过立法、管理等形式保护可耗竭资源，刺激林业、水产业的投资等。

自马歇尔时代开始至 20 世纪 50 年代，自然资源的稀缺性和环境恶化问题并未得到人们的充分重视，相对稀缺和资源配置理论一直是新古典主义的核心。

（三）从增长极限论到可持续发展观

1966 年，美国经济学家鲍尔丁（K. E. Boulding）提出了“宇宙飞船经济理论”，认为传统的经济增长方式是一种“牧童经济”，就像牧童在草原上放牧，对资源和环境无所顾忌，只顾追求数量上的增长。他指出经济系统是一个宇宙飞船式的封闭循环系统，经济发展应是资源储备型和福利型的，能够休养生息，合理的发展模式应是对自然物质进行循环利用并使有限的空间和资源得到合理和长久的利用。戴利（H. E. Daly）则认为，经济的不断增长会耗尽自然资源，产生污染，因此要使人口和资本投资保持在一定水平上，只需要满足人类的基本需要即可。

1972 年，以米都斯（D. L. Meadows）为首的一个 17 人专家小组向罗马俱乐部提交了《增长的极限——罗马俱乐部关于人类困境的研究报告》。报告提出了著名的增长极限论：迄今为止，世界人口、经济、粮食消费、资源消耗和污染都是按照指数方式增长的，每隔一段时间就翻一番，增长幅度越来越大。由于地球上生产粮食的土地、可供开采的资源和容纳环境污染的能力都是有限的，无法支持无限的经济增长，“如果在世界人口、工业化、污染、粮食生产和资源消耗方面以现在的趋势继续下去，这个行星增长的极限将在今后（1972 年）100 年中发生。最可能的结果将是人口和工业生产力双方有相当突然和不可控制的衰退”。据此，米都斯等人认为，应该停止这种“癌细胞式”的指数增长，尽快实施“零增长”方案。

西蒙（J. L. Simon）在其《没有极限的增长》一书中认为，虽然目前人口、资源和环境的发展趋势给技术、工业化和经济增长带来了一些问题，但人类能力的发展也是无限的，世界的发展趋势是在不断解决问题中得到改善，而不是逐渐变坏。列昂惕夫（W. Leontief）在《世界经济的未来》一书中表明，一旦达到一定的收入水平和城市化程度后，人口增长率将下降。许多经济学家认识到继续增长有其必要性，因为只有保持经济增长，才有技术发明和创新的动力，并且为之创造必要的条件，才能有经济实力进一步开发替代资源。

虽然增长极限论存在各种缺陷，但它第一次鲜明地提出了自然资源和环境对人类发展具有重要的、不可替代的作用，唤醒了人类对自然资源和环境的关注。

20 世纪 80 年代以来，西方可持续发展理论逐渐兴起。1987 年，世界发展委员会组织以挪威前首相布伦特兰夫人为首的 21 个国家的专家经过世界各地的考察，发表长篇报告《我们共同的未来》。报告揭示了环境与发展的相互关系：传统意义上的发展会导致环境资源的破坏以致衰竭；反过来，环境的退化又限制了经济的发展。报告首次给出了可持续发展的定义，即“可持续发展是既满足当代人的需求，又不危及后代人满足其需求的能力的发展”。这一定义后来被广泛接受。1992 年世界环境大会以后，可持续发展战略已成为世界多数国家的共同发展战略。该战略的核心就是要求当代人的发展不损害后代人发展的资源基础，以保证社会的永续发展。

第二章
广西实施资源节约型经济的战略依据

第一节　发展生态经济的战略选择

一、发展生态经济的两个中心

建立生态经济，最主要的就是建立“两型社会”，即环境友好型社会、资源节约型社会。

资源节约型社会与环境友好型社会是在我国社会主义经济建设中，贯彻实施可持续发展战略当中的两大目标，它们分别针对解决人与自然关系中两个主要问题：资源与环境，体现人与自然和谐关系的发展蓝图。资源节约型社会要求的是经济发展不能突破自然资源供给的承受限度，在社会经济的各个环节（生产、交换、分配、消费）必须通过各种手段提高资源的利用效率，实现自然资源的永续利用。环境友好型社会要求将人类活动对自然的负面影响限制在生态环境的承载能力范围之内，通过保护自然环境的自我修复能力，加上人类对自然环境的修复，维持人类社会与自然环境的协调状态。

建立资源节约型社会与环境友好型社会都是实现生态经济的目标，

涵盖了生态经济的大部分内容，分别反映了两个最重要的侧面。这两大目标既相互区别，又相互制约。比如，对于资源节约，就要求人类在遵循环境保护的标准当中适度使用自然资源及自然资源生产的物质财富，这是环境制约下的资源节约。对于环境保护，既要防止人类过度使用自然资源而直接破坏生态环境，也要对生产生活中产生污染进行防治，而防治污染的根本办法就是减少矿产资源的使用，这是资源制约下的环境保护。

资源节约型与环境友好型社会的重合之处，就是对基本资源的珍惜与维护。基本资源包括土地即土壤资源、水资源、森林与其他植被资源、物种资源，这四大资源的维护同时是对环境的维护。

那么，为什么我们不提生态经济发展战略，或者是环境友好型战略，而是提出资源节约型战略呢。原因在于，“生态经济”这个概念，如同“生态文明建设”“社会主义市场经济”“小康社会”“和谐社会”一样处于相同的概念层级概念，包括制度建设、经济机制（市场与计划）、产业体系、文化理念，不可能在短时期内完全揭示其丰富的内涵，因此我们当前只能在现有认识基础上构建“生态经济”的行动指南，这就是建立资源节约型社会与环境友好型社会。

为此，我们发展生态经济，就会围绕两个中心来开展。一个中心是，在经济社会发展的各个方面，以节约使用自然资源和提高自然资源利用效率为中心，以节能、节水、节材、节地、资源综合利用为重点，以尽可能小的资源消耗代价，获得尽可能大的经济和社会效益。另一个中心是，在经济社会发展的进程中，以环境承载能力为基础，以遵循自然规律为中心，以绿色科技为动力，坚持保护优先、开发有序，合理进行功能划分，在环境保护、生态平衡的前提下进行开发与建设，实现自然生态系统与经济系统的良性互动。

按照建设两型社会的目标来发展生态经济，需要在国民经济规划当中，逐步完善其指标与措施，保障经济社会的可持续发展，能够形成较为实际的经济战略。

接下来，在两个中心当中，应选择哪一个中心来制订发展战略呢？对建设环境友好型社会这个中心来说，其要求是以保护生态环境为出发点，对经济发展形成应有的制约。这个“出发点”一规定下来，就很难设计发展项目，因为许多“不发展”“限制发展”的考虑，似乎都有利于环境保护。而对建设资源节约型社会这个中心来说，其要求是以经济发展本身合理利用资源为出发点，对经济发展构成正确的导向。由此，各种发展项目是否可取，要看对资源利用的效果如何。保护生态环境成为“制约条件”而不是“出发点”。立足于“合理利用资源”来构建经济发展战略，更有积极的应用价值。实施资源节约型经济是实现生态经济发展目标的最直接的战略措施，比起以环境友好型经济作为战略措施，较有利于处理与经济发展的关系。此外，广西的经济发展战略与某些边远的、民族的省份不同（如西藏、内蒙古、海南），广西是有条件选择走新型工业化道路的，其总体战略是新型的工业化战略，而资源节约比环境保护更突出了工业化战略的努力方向。因此，广西发展生态经济的战略选择最适宜选取资源节约这个中心。

二、资源节约的重大意义

论述资源节约战略，要首先分析该主题概念在经济发展中的意义。

1. 资源节约是人类社会可持续发展的基本保证

20 世纪以来，随着经济规模的迅猛扩张，人类索取大自然的能力和广度空前增大，传统的工业化模式造成了严重的资源短缺和环境污染。联合国环境规划署 1998 年发表《环境——地球上的十大祸患》的论文，指出威胁人类的十大环境祸患是土壤破坏、气候变化、能源浪费、生物多样性减少、淡水资源受到破坏、化学污染、混乱的城市化、海洋的过度开发、沿海地带被污染、空气污染和极地臭氧层空洞，这些祸患严重威胁到全球是否可持续发展。这些世界环境问题中，有一大半都是资源使用不当引起的。我国实现了近三十年的经济快速增长，由于经济增长方式的粗放型，在物质财富大量增加和人民生活水平不断提高的同时，水、土地、能源、矿产等资源不足的矛盾日益突出。这些问题归根结底，主要是生态、资源、环境方面的问题，其中资源的浪费式使用是头号病因。可以断言，如果今后能够以最小的资源代价实现经济社会发展，人类的可持续发展道路就得以打通，中国的经济发展也能够持续下去。

2. 资源节约是环境保护的重要保障

如果不节约资源，就要过度依赖资源，就会增大向自然环境进行索取的举动，难以维护良好环境。生产对资源需求的过度膨胀和资源利用的低效率，使生产的废弃物更多，环境更难消化。在资源的低效使用中，各种有毒有害的废气、废水和固体废弃物直接排放到环境中，造成一系列严重的环境污染。

大量事实表明，"三废"污染的大量产生与资源利用水平密切相关，与粗放型经济增长方式存在内在联系。据测算，我国能源利用率若能达到世界先进水平，每年可减少二氧化硫排放约 400 万吨；固体废弃物综合利用率若提高 1%，每年就可减少约 1000 万吨废弃物的排放；粉煤灰综合利用率若能提高 20%，就可以减少排放烟尘近 4000 万吨，这将使环境质量得到极大改善。

降低生产生活的物耗，意味着废弃物向环境排放的减少。现实生活中，人们苦苦追求基本的环境净化标准，如使地表水水质、近岸海域水质和主要城市空气环境质量达到环境功能区划标准。要做到这些，必须使经济活动对自然资源的需求降低到最小，才利于实现对生态环境的影响降低到最小。这样才能以最少的资源消耗、最小的环境代价实现经济的可持续增长，较好地解决经济发展与环境保护之间的矛盾，走出一条生产发展、生活富裕、生态良好的文明发展道路。

3. 资源节约是走新型工业化道路、转变经济增长方式、优化产业结构的内在要求

当前中国的工业是大而不强，不强的一个主要表现是效率不高、内耗较大。金碚（2005）认为，中国工业化对资源的消耗和环境的影响非常巨大，工业发展所受到的资源和环境约束比世界其他国家更为显著。这个问题体现在以下两个方面。

一个是产业发展水平较低，尤其是知识和技术含量低。主要表现在：在行业或企业内，消耗大、附加值低的生产比重高，技术和知识密集、附加值高的生产比重低；企业生产和销售的市场集中度低，规模效益差；技术进步对增长的贡献率低，资源利用率低。我国在经济增长方式上存在较严重的"高投入、高消耗、高排放、不协调、难循环、低效率"等问题。

另一个是我国产业发展中传统产业占主体地位，知识和技术含量不高的产业比例大，产品结构落后。这首先在世界市场上缺乏竞争力，脱离新发展起来的市场需求，极易造成产能过剩。而产能过剩是一种不断耗费资源进行生产投入、结果却生产出对社会经济发展多余的产品的状态。在未来的发展中，我国经济需要保持年均6%~8%左右的增长速度。要保持经济持续快速增长，资源消费的增加难以避免。但如果沿袭传统的产业结构，以资源的大量消耗实现工业化和现代化，将受到资源供给的严重制约，是难以为继的。

产业结构优化意味着工业体系生态效率不断提高，能够以同量甚至更少的资源产出更大的价值和效益。资源利用效率标准可以作为衡量产业结构优化程度的一个重要指标。当前世界产业结构优化主要表现为产业结构的软化和绿化。所谓产业结构软化，是指在社会生产和再生产过程中，物质资源（能源、设备、原材料等硬资源即物质资本）的投入相对减少，知识、信息、智能等软资源（即智力资本）的投入相对增加。在产业结构中，这表现为劳动密集型和资金、资源密集型产业的主导地

位和作用被知识和技术密集型产业所取代。所谓产业结构绿化，是指在社会生产与再生产过程中投入资源能源少，各种资源利用率高，产出的产品或服务多，废弃物最少，污染最轻，甚至无环境污染与生态破坏。产业结构绿化就是产业的生态化发展。因此，产业结构优化升级可以提高产业节约资源的生态效率；反之，提高产业节约资源效率能够进一步推动产业结构的优化。

4. 资源节约是推进我国经济平稳运行的内在动力

我国人口众多，人均资源占有量低于世界平均水平，这是一个重要国情。我国的经济增长很大程度上尚未摆脱“四高一多”（高投入、高能耗、高物耗、多占地）的粗放型经济增长方式，由此经济每增长一个百分比就要付出很大的环境代价，因此现在经济发展和资源环境矛盾越来越突出。由于我国经济增长长期呈现资源高耗费的格局，经济生活中经常出现地方与企业叫喊发生“煤荒、电荒、油荒，以及由此引发的运荒”。国家经常加强宏观调控，但资源“瓶颈”依然突出，影响经济平稳运行。走资源节约的发展道路，不仅是长远的生态经济与可持续发展道路之需，也是当前经济增长健康运行之需。

5. 资源节约是解决能源问题的重要途径

能源是资源当中的一种，但在资源中具有特别重要的地位。由于我国的工业化发展规模大，而效率、质量与附加值都不够强，尤其是能源的消耗，成为产品制造与物流成本居高不下的重要因素。解决能源问题而拉动的各种产业都成为我国提高生活质量的负荷，成为无效的 GDP，所以节能减排已成为转变经济增长方式的突破口。如果加大节能减排的工作力度，使能源本身耗费降低，同时节材、节水、节地，节约一切资源，就可以在各个方面减少能源消耗。降耗的结果还将使我们应对环境恶化更有利，也会减少社会经济生活对能源的需求，延缓资源危机的到来，使我们有时间开发新的能源。

6. 资源节约是改进国际经济循环的重要因素

我国资源禀赋有诸多弱项，资源总量虽然较大，但人均占有量少，经济发展中资源约束矛盾日益突出。维系人们基本生存的耕地和淡水的人均占有量分别仅为世界平均水平的1/3和1/4。45种主要矿产资源人均占有量不到世界平均水平的一半，石油、天然气、铁矿石、铜和铝土矿等支撑经济增长的重要矿产资源的人均储量分别为世界人均水平的11%、4.5%、42%、18%和7.3%。而我国在资源开采、运输和使用等环节都存在相当严重的浪费现象。21世纪以来，我国消耗的主要矿产资源，如原油、原煤、铁矿石、钢材、氧化铝和水泥的消耗量，分别为世界总量的7.4%、31%、30%、27%、25%和40%。在过去几十年里，中国经济的持续高速增长创造了令世界瞩目的奇迹，但也付出了高昂的代价，使我国消耗的矿物资源总量占全球相当大的比例。稀缺的资源加上人为加剧的资源紧张局面，造成我国无论是外贸进口还是跨国投资，着眼于获得矿产等资源已成为主要动机。我国经济发展中面临日益严重的资源和环境问题，与发达国家相比，资源利用效率低下，缺少高端的比较优势。这种格局，一是容易加剧与外部世界的矛盾；二是使我国的对外贸易与对外投资过多地考虑矿产资源指向，不利于国际经贸的和谐与划算；三是进入我国国土的矿产资源经过加工，又转化成为生产污染。这对政治、经济、生态三者都有不利。如果我国实行资源节约型战略，减少对外部世界矿产资源的过多依赖，可以为我国优选发挥比较优势、开展更有利的国际经济大循环创造有利的客观条件。

三、资源节约型战略的效能

从字面上来看，资源节约是要在经济发展当中达到资源低耗费、高效率。表现在以下方面：利用土地资源要提高集约利用水平；水资源要优化配置与有效保护；森林资源要控制消耗、推进再生；矿产资源要有序开发、合理利用；国土资源、包括海岸滩涂，要保护与利用相结合；

废弃物要资源化利用；等等。实际上，资源节约涉及比上述提到的更多方面，并覆盖经济动态的整体。对于广西来说，实施资源节约型战略会有如下效能：

（一）在经济层面

1. 资源节约型战略促进广西工业化转型

在全国努力建设“两型社会”、大力提倡循环经济、低碳经济的背景下，广西的工业化面临严峻挑战。广西工业结构以资源消耗型的采掘工业和初级产品制造为主，加工深度和产品的附加值较低，资源的消耗高，对环境的污染、破坏大，因此，广西经济发展面临着实现工业化当中发展资源节约型经济的任务。无论是跟在发达国家和发达地区之后，沿用资源消耗和环境破坏的老路，为东部地区提供原料产品，还是以超前的眼光，选择一条新的、资源节约型发展之路，这是广西今后的选择。实行资源节约型战略，内在地联系着提高经济增长质量和效益，有利于有效破解资源环境对经济社会发展的“瓶颈”，增强可持续发展能力，为切实转变经济发展方式创造条件。这是增强欠发达地区发展优势和竞争力的战略选择。对于广西来说，良好的生态环境和自然禀赋是广西最具魅力、最富竞争力、最持久的独特资源和宝贵财富，必须始终保持好、维护好这一品牌和优势。增强生态环境就是竞争力、生产力的意识，使节约和合理利用资源、保护生态环境成为全社会的共同行动和核心价值观；有利于将生态资源的比较优势转化为持续发展的核心优势，在新一轮发展竞争中抢占制高点。

2. 资源节约推进广西经济增长以内涵发展为主

扩大再生产有外延发展与内涵发展两种方式，无论从经济效益还是生态效益，内涵发展都强于外延发展。转变经济发展方式的一个重要方面，就是要注重在扩大再生产方式上降低外延式比重、提升内涵式比重。外延扩大再生产方式的特征，是靠量上增大生产要素的投入尤其是生产空间的拓展来增加产出，这类方式在形式上以新建或扩建企业为主。内涵扩大再生产的特征，是靠提高生产要素质量来增加产出，这类方式在形式上以更新改造、结构变动为主，依靠企业制度创新、规模效益、产品升级、技术进步、人力资源积累来取得经济发展的实绩。两者相比，内涵扩大再生产比外延扩大再生产更能体现资源节约的本质。

对于广西来说，提升内涵扩大再生产方式比重确实是一个十分明智的选择。理由有以下两点：

（1）从现实看，许多地方已经土地告急，一味依赖新建企业尤其是通过新建“圈地式”新企业来提高 GDP，无法突破资源环境的约束。内涵扩大再生产方式虽不风光，却实效很强。发达国家早已是内涵扩大再生产为主，它们的新企业诞生数与 GDP 总量增加数根本不成正比。在这一点上我们应吸取经验。只要加以重视，是可以实现的。

（2）从历史看，我们不应重蹈边创业、边破产的覆辙。20 世纪 80 年代初期全国出现面向市场发展商品生产的热潮，广西许多企业曾经各领风骚，但由于内功不强，多年之后在越来越激烈的市场竞争下逐渐销声匿迹。80 年代中期，广西许多县市的乡镇企业呈“雨后春笋”态势，但由于未能实现做大做强，90 年代中期后成为大浪淘沙的淘汰品。21 世纪前后，广西许多地方已无发展制造业的内生能力，只能盼望“外资”（包括国外与区外）来投资建企业，由此发展经济的主要依靠就是搞开发区。虽然这类“外资”企业风险不由本地承担，但不能保证长久在此地生存发展，开发区的空间也不能长久这么扩展下去。在发展经济上不多一根“内涵发展”的弦，就难免昔日状况重现。

资源节约型经济下的产业发展方向虽离不开新建企业，但主要应当依托原有企业，在原有的生产基地上更新、改造、转换、升级。为此，政府要从政策上支持已有的重点企业与企业集团发展新兴战略产业，利用其现有的生产能力开发新技术，参与或联合建设研发基地、产业基地，优选有成效的企业建立示范基地，让这些企业承接研发、推广新产品、扩张新产业的项目。

第二节　广西经济发展中的资源制约因素及存在的问题

一、生态自然资源的制约与问题

要辩证地分析广西的农业自然资源。一方面，发展农业的自然资源很不充裕。另一方面，广西耕地资源的状况是：山多地少，人均耕地面积 0.78 亩，相当于全国的 52.3%。耕地资源不足，土地肥力低，成为制约农业发展的短板①。

广西属于多山地丘陵地区，山地丘陵占全区陆域土地面积的 68.3%，其中岩溶石山区约占全区土地面积的 33%，平原面积小且呈零星分布。山区、丘陵区地形复杂，坡陡谷深，土层浅薄且易被侵蚀。耕地质量不高，坡耕地多，土壤肥力较差，中低产耕地面积比重占 77%。因此，土地资源是不丰裕的。以山地森林类型为主的自然生态系统，特别是岩溶山地森林生态系统敏感而且脆弱，遭破坏后恢复困难。

受地质、地形、地貌和气候等因素的影响，广西降水时空分布不均，岩溶石山区缺水问题突出。外来有害生物的入侵及危害日趋明显，生物多样性面临严重威胁。干旱、洪涝、风暴潮、农林病虫害和地质灾害等自然灾害频繁。

因长期受不合理开发活动的影响，局部地区自然生态系统受到破坏，天然林面积减少，森林质量下降，生态系统服务功能减弱，栖息地破碎

① 广西壮族自治区发展与改革委员会编:《广西“十二五”规划前期成果研究》，广西师范大学出版社 2014 年版，第 153 页。

化明显。土地退化问题突出，2013 年广西水土流失面积仍有 5.05 万公顷，占全区总面积的 21.3%[①]，岩溶地区石漠化面积达 238 万公顷，占全区面积的 10.1%。沿海滩涂湿地及红树林、海草床面积减少，过度捕捞导致近海鱼类资源衰退。

另外，广西的自然地理条件所具有的农业资源对于发展特色农产品、林产品，又可视为得天独厚的条件。关键是要保护、利用好这些生态自然资源。

二、经济资源的制约与问题

1. 资源供需矛盾突出

从人口数量看，2014 年广西人口总数为 5475 万人，人口密度为 201 人/平方千米，据预测 2025 年广西人口总量将达 5644 万左右，人口压力较大。人口过快增长使资源供需矛盾进一步加大：一是全区人均耕地面积、耕地后备资源匮乏；二是工业化所需的重要矿产资源（煤、石油、铁矿等）严重不足，对经济社会发展的制约日趋明显。随着对外开放和能源投入增加，煤炭、电力产能大幅度提高，油气进口增多。如表 2-1 所示，2014 年，广西能源生产总量达到 2869.84 万吨标准煤，相比 2013 年的 2517.35 万吨标准煤增加 352.49 万吨标准煤。由于工业化和城市化步伐加快，广西一些高耗能行业发展过快，能源需求出现前所未有的高增长态势，能源调入量达 6743.36 万吨标准煤（见表 2-2）。广西属于西部欠发达地区，达到较高水平的现代化社会还要走相当长的路。随着经济社会持续发展和人民生活水平不断提高，能源需求还会继续增长，供需矛盾和资源环境制约将长期存在。

① 资料来源：2013 年全国第一次水利普查公报。

表 2–1　广西主要年份能源生产、消费总量

单位：万吨标准煤

年份	能源生产总量				能源消费总量			
		原煤	原油	水电		煤炭	石油	水电
2006	1384.17	348.64	4.84	1030.69	5514.69	2681.50	978.15	1028.31
2007	1467.57	305.91	4.11	1157.56	6136.67	3607.04	1065.14	1157.56
2008	1946.92	211.61	4.09	1731.09	6647.78	3762.72	1087.38	1731.09
2009	1820.23	259.86	4.13	1556.24	6592.47	3876.53	1068.02	1556.24
2010	1951.85	428.48	3.84	1519.53	7379.23	3977.4	1224.95	1519.53
2011	1777.24	445.37	3.24	1328.63	8005.79	4315.12	1377	1328.63
2012	2129.8	440.96	3.27	1685.57	8530.55	4555.32	1408.13	1658.57
2013	2517.35	369.26	62.5	2084.26	9100.37	5229.98	1443.41	2084.26
2014	2869.84	341.29	83.86	2444.69	9515.34	5025.22	1593.11	2444.69

注：①本表指标均为常规能源的折合标准煤；②从 1988 年起电力折标系数调整，2004 年能源生产量作调整。

资料来源：《广西统计年鉴》。

表 2–2　2014 年广西能源可供量

品名	综合能源可供量	生产量	调入量	进口量	调出量	年初年末库存差额
综合能源（万吨标准煤）	9551.97	2372.52	6743.36	1052.9	1145.86	37.73
煤炭（万吨）	6795.98	615.4	5231.76	1428.41	564.2	84.61
原油（万吨）	1390.47	58.7	1344.08			–12.31
电力（亿千瓦时）	1307.51	1310.14	102.97		93.3	

资料来源：《广西统计年鉴》。

2. 资源综合利用水平不高，环境压力较大、资源耗竭风险较大

广西近十多年来经济发展有很大的成就，但尚未摆脱欠发达地区的地位，经济仍有“两高一资”的特征，已有的发展模式已经对生态环境造成了一定的破坏。广西一直以来都是资源型省份，资源开发和环境保护矛盾突出，产业结构优化升级任重而道远，生态文明建设任务十分繁

重而且艰巨。随着环境保护政策和建设力度不断加大，以及人们对提高生态环境的迫切需求，广西经济社会发展与生态环境保护的矛盾十分突出。

广西粗放型的经济增长方式尚未根本改变，资源依赖型产业比重大，工艺技术水平还较为落后，资源利用效率不高，工业污染物排放总量大，结构性污染突出，每万元工业增加值能耗、水耗和万元生产总值排放二氧化硫、化学需氧量远高于全国平均水平，部分江河、湖库和局部海域水环境质量下降，酸雨频率居高不下。农药、化肥等农业化学品使用强度较大，不仅导致农业大面积污染日趋严重，而且农产品出口也受到国际贸易技术壁垒的明显制约。

广西各个区域都存在以下几大制约：北部湾经济区工业用地储备不足，新增工业用地受国家土地政策制约，现有存量土地不能满足需求。火电规模不断增加，使温室气体排放影响了附近海域。西江经济带资源约束大，重要原材料、燃料供应紧张，电力紧缺，煤油运能不足，占地、耗水、耗能多，"三废"排放量大。桂西资源富集区资源依赖型产业比重大，受国家产业政策和电力"瓶颈"制约，电解铝发展缓慢，严重影响铝业下游产业发展。

2015 年 7 月 30 日《光明日报》在"'绿水青山'和'金山银山'一肩挑"（记者周仕兴、通讯员许乃显）中指出，广西的生态状况形势依然严峻，任务非常艰巨。高投入、高消耗、高污染的发展模式会带来很多生态问题，经济增长过度依赖土地、能源等资源消耗，资源型产业、高耗能产业比例偏高，环境风险进入高发期。尚有不少生产生活废水未经处理直接排入江河。近年来发生的龙江、贺江水污染事件就很让人"闹心"（2012 年龙江河宜州市怀远镇河段发生的镉污染事件，严重威胁沿江两岸及下游的水体安全）。有色金属之乡河池境内曾多次发生工业污染事件，这个西部欠发达地区建立了一批批大大小小的冶炼厂，其中一部分综合提炼能力极差，在把资源中最有价值的部分提取后，不愿或无能力把余下的重金属回收再处理。来宾北之江采石采矿业也是这样。

如何把资源优势转变成经济优势，如何在生态文明理念指导下，发展绿色经济，构建起现代生态产业体系，成为广西理论工作者和实际工作部门必须面对且亟待解决的现实难题。

3. 农村发展水平不高，资源利用有待开拓

由于地理、历史等多种因素的影响，广西农村经济社会发展总体水平仍然较低，经济总量不大，许多经济指标明显低于全国平均水平。农业产业化水平相对落后，规模小，质量和效益不高。农民增收还比较困难，农村贫困面较大，农村绝对贫困人口尚有近百万，特别是贫困人口主要集中于大石山区，作为石山地区生态较为脆弱，致使区域性贫困和脆弱环境问题相互交织，增加了扶贫解困难度和生态环境压力。从资源的角度看，贫困与土地资源会有恶性互动与良性互动的可能性。恶性互动就是贫困导致土地资源不能按照生态要求合理使用，过度垦殖；良性互动就是治理贫困与合理利用土地资源相互吻合，既能达到保持生态平衡，又能使土地资源的利用创造经济效益，脱贫致富。从上述的恶性互动转向良性互动，对于广西还是一个未完成的任务。

三、人力资源的制约与问题

广西人均受教育程度较低，人口整体文化科技素质不高，每万人中的大专以上学历人数和科技人员数量均低于全国平均水平，特别是高素质人才缺乏。科技发展基础较薄弱，自主创新能力不强，工业领域具有自主知识产权和知名品牌、市场竞争力强的优势企业少，科技发展水平与完成调整经济结构、转变经济增长方式的要求不相适应，经济社会发展和环境保护缺乏强有力的科学技术支撑。

2002~2011 年，广西专业技术人员仅增加了 14.41%，年均增长 1.55%，而高校毕业生增长了 372.19%（其中，2008~2010 年专业技术人员减少了 2.3 万人，而同期高校毕业生净增 2.74 万人）。表明近年来广西高校毕业生总体处于外流状态，人员素质提高也不显著，企业开展自主创新活动

的领军人物更为稀缺。大中型工业企业办科技机构中有博士 7 人、硕士 43 人，平均每个机构拥有博士 0.3 人、硕士 2 人，创新人才的缺乏已成为阻碍广西企业开展技术创新活动的重要因素之一。而且与全国其他省份相比，也存在一定的差距。

将 2013 年的监测数据与 2012 年相比较，全国综合科技进步水平指数比上年提高了 0.02 个百分点。高于这一增幅的有 17 个地区，陕西、湖北和吉林等低于上年水平。与 2012 年综合科技进步水平指数的排序比较，江苏上升至第 4 位，广东下降至第 5 位，上海、北京和天津仍分别排在第 1 位、第 2 位和第 3 位。位次上升最快的地区是安徽和重庆，比 2012 年上升 2 位；位次下降最快的地区是新疆，比 2012 年下降 2 位；广西上升 1 位，排在第 27 位。

第三节 广西经济发展中的基本资源维护

土地即土壤资源、水资源、森林与其他植被资源、物种资源，是生态系统的四大基本资源，维护基本资源是建设资源节约型与环境友好型社会的重合之处。环境保护的推进、资源利用的改进，都有利于维护四大基本资源。

对这四大基本资源的维护，是广西各级政府多年来一贯的努力。自“十一五”规划、“十二五”规划以来，广西的环保事业进一步发展，取得多项成绩，环保工作发挥的作用日益明显，环保地位逐步提升。但是，由于广西经济总量不断增大，人口总数不断增加，人均生产总值不断提高，减排降耗任务日趋繁重，面对资源型的经济结构调整的严峻形势，已经取得的生态环境保护的成绩总是处于新的挑战当中，绝非可以躺在现有的环保成绩上高枕无忧。

一、土地—土壤资源的维护

1. 土地资源维护的问题

据2010年度广西土地变更调查成果，全区土地总面积2376万公顷，其中耕地面积442.46万公顷，占土地总面积的18.62%；园地面积109.91万公顷，占土地总面积的4.63%；林地面积1334.12万公顷，占土地总面积的56.15%；草地面积112.33万公顷，占土地总面积的4.73%；城镇村及工矿用地面积84.12万公顷，占土地总面积的3.54%；交通运输用地面积26.78万公顷，占土地总面积的1.13%；水域及水利设施用地面积86.29万公顷，占土地总面积的3.63%；其他土地180.05万公顷，占土地总面积的7.58%。

耕地是农业的首业，是种植业之本。早在1997年国家颁布新土地管理法之后，就开始严控非农建设占用耕地，在非农建设项目上严格实行“占一补一”政策。由于落实农民家庭土地经营承包制度，部分地方农民个体扩大种植业生产经营，自发开垦土地，增加了耕地面积。但是，要维持耕地面积稳定是很困难的事。以下列举的，前四个原因属于丢荒，最后一个原因属于转移：①一些地方水利设施年久失修或遭人为破坏，致使无法引水灌溉，造成水田减少，减少的水田有的转化为旱地，有的则丢荒。②多年来市场经济的走势，使粮食生产相对收益下降，与许多第二、第三产业与劳务输出相比，种田费工多，生产投资大，收益低，尤其是靠近城镇的乡村，农民在无法转移土地用途的时候就丢荒。③有的地方森林砍伐，生态环境破坏，河道淤积断流，而农民对农业已经不感兴趣，任其丢荒。④在农业结构调整中，一部分耕地转为园地、林地、草地，进行果苗花卉、经济林、家畜饲养等多种经营。这部分耕地用途还在农业领域，问题不大。但有的耕地在转化为旅游业、服务业、物流业用地。

在有的地方，退耕政策仍需推进，这是合理的减少耕地，主要针对石山地区的石漠化而言。根据广西岩溶地区石漠化综合治理规划（2006~2015 年）统计数据，广西现有石漠化土地 237.91 万公顷，占岩溶土地面积的 28.6%。石漠化已成为广西最为突出的生态问题。

为了维护耕地面积基本稳定，广西一直以来都需要强化地方政府保护耕地的责任意识，落实耕地保护责任目标，完善责任目标考核体系，加强对各地落实责任目标的考核工作，严格建设用地的审查报批工作。而在市场经济发展的大背景下，要切实管住建设用地总量、严控建设用地增量、盘活建设用地存量，要从规划控制、市场配置入手，确保用地供应结构合理化，这些对于地方政府来说确实有难度，是对政府履行经济职能的严峻考验。

2. 维护土地资源所需的生态建设措施

不仅要维护耕地数量，而且要维护耕地的质量。为此所需的生态措施中，首要的是防止水土流失。

根据全国第二次水土流失遥感调查结果，广西全区水土流失面积为 281.22 万公顷，占土地总面积的 12%。其中轻度侵蚀 146.66 万公顷，中度侵蚀 87.41 万公顷，强度侵蚀 34.27 万公顷，极强度侵蚀 7.47 万公顷，剧烈侵蚀 5.42 万公顷。水土流失在全区范围内均有分布，水土流失类型以水力侵蚀为主，部分地区有重力侵蚀和泥石流，沿海地区有少面积的风蚀，在岩溶地区还存在一种特殊的侵蚀方式溶蚀。在桂东南花岗岩地区还存在危害严重的一种水土流失形式——崩岗，据调查，全区崩塌面积在 60 平方米以上的崩岗达 27767 座。

水土流失治理包括以下措施与行动：实施重点小流域水土保持综合治理工程、坡耕地水土流失综合治理试点工程和崩岗防治工程。力争通过以下措施持续扩大水土流失综合治理面积：坡改梯，营造水土保持林，种草，封育治理。

沿海红树林和野生动植物种群和高等植物群落得到了有效保护。广西与植被有关的生态系统类型有森林、灌丛、湿地等；淡水生态系统主要有河流生态系统、湖泊生态系统、库塘生态系统等；海洋生态系统有潮间带滩涂湿地生态系统、红树林湿地生态系统、海草床生态系统、珊瑚礁生态系统、浅海生态系统、深海生态系统、海岛生态系统等。

（2）有利于减轻自然灾害。近年来广西极端天气气候事件频繁，强对流天气使广西部分地区出现大风、冰雹及雷电等，造成各种灾害损失。旱涝灾害突出，出现了夏秋冬春连旱；汛期暴雨频繁，强降水造成严重洪涝灾害；有 3 个热带气旋影响广西，初旋偏晚，总数偏少，影响偏轻。此外，强对流天气、寒潮、霜（冰）冻也给广西造成了不同程度的影响。全年因气象灾害共造成农作物大面积受灾，不仅农业受损，农村房屋道路受损，还有人员死亡，直接经济损失数以百亿元计。在干旱受灾地区，发生饮水困难，农作物受旱，旱灾造成直接经济损失几十亿元，最大比例的是农业经济损失，此外还对林业、江河航运、旅游、水力发电及人民生活都造成不同程度影响。而暴雨洪涝造成的大面积受灾，人员需要紧急转移安置，有人死亡、受伤还要解决受灾群众的饮水困难及各种生活问题。农作物受灾会减产或绝收，气象灾害还会使房屋倒塌、损坏。

上述气象灾害，虽然靠森林资源不能消除，但可以大大减轻，从而减少经济损失。

2. 森林资源的维护

至 2010 年底，广西全区森林面积 1378 万公顷，人均森林面积 0.3 公顷，森林覆盖率 58%，林木生长量 5576 万立方米，林木消耗量 3736 万立方米，森林蓄积量 6.02 亿立方米。保护森林资源的工作是多方面的，下面从三个方面进行介绍。

（1）围绕森林本身的维护工作。①加强林业法制管理，切实贯彻落实《中华人民共和国森林法》，严格执行国家林地审批和林木采伐管理制度。②不断提高植树造林的成效。在完成植树造林面积的同时，保证树木成活率。开展荒山造林、迹地更新、低效林改造造林等各项工作。③保持封山育林。④防治森林有害生物，搞好病虫害防治及疫病监测等建设，提高无公害防治率。⑤消灭森林火灾。⑥加大林业生态建设工程及投资。

（2）提高城市园林绿化率。由于城镇化的规模不断增大，按人均计算的公园绿地面积只能是一个动态数据，过去的面积会由于城镇人口增加而重新下降。绿化覆盖率的增大是建立在绿地面积增大基础上的，而在经济不断扩张的条件下增大绿地面积十分不易，各种建设还会减少绿地面积，新增绿地面积用于补偿减少的绿地面积就很困难了。

（3）以农村新能源替代薪材能源。主要是开展沼气池建设，新增户用沼气池与大中型沼气工程。

四、物种资源的维护

维护物种多样性是广西对世界、对国家肩负的义务。广西已发现和命名的野生维管束植物共计 297 科、1820 属、8562 种，居全国第三位，其中属国家一级重点保护植物 18 种（类），国家二级重点保护植物 61 种（类），广西重点保护植物 84 种（类）。在森林植被的护育下，已知有陆栖脊椎动物 1145 种，数量居全国第二位。其中，属国家一级保护野生动物有 32 种；属国家二级保护野生动物有 135 种；广西重点保护动物 147 种。丰富的生物物种资源，构成了丰富的遗传多样性。花卉、药材、油料、果类等经济植物资源丰富；动物遗传多样性也相当丰富，并具地方特色。

为保护生物多样性，广西近年来开展了以下活动：公布了《广西壮族自治区第一批重点保护野生植物名录》，召开了纪念生物多样性保护年大会，成立了广西生物多样性保护咨询专家委员会，建设了广西生物多样性网站，完成了“中国—欧盟生物多样性合作项目广西示范项目”，实施“大湄公河次区域生物多样性保护项目”，完成了广西凤山县维管束植物调查工作，开展了龙州、宁明、靖西、那坡 4 县物种资源调查工作。加强珍稀濒危野生动植物栖息地、原生境保护，重点物种监测与保护，开展广西火桐、望天树、兰科、苏铁、金花茶、白头叶猴、东部黑冠长臂猿、瑶山鳄蜥、黑叶猴、白颈长尾雉、黄腹角雉、冠斑犀鸟等重点物种及栖息地的调查监测，实施广西火桐、广西青梅等5个极小种群野生植物拯救保护项目。

自然保护区建设和管理是维护物种资源的最大措施。截至2010年底，广西全区已建立各类自然保护区78个，其中国家级自然保护区16个，自治区级自然保护区50个，市级自然保护区3个，县级自然保护区9个，自然保护区总面积为145.10万公顷，约占全区国土面积的6.10%。

广西壮族自治区政府开展了16个国家级自然保护区专项执法检查。环保部等7部门联合组织对广西建立2年以上的15个国家级自然保护区进行了评估，弄岗等8个国家级保护区的管理水平评估为“优”，6个国家级保护区的管理水平评估为“良”；对广西崇左白头叶猴自然保护区、涠洲岛自然保护区以及恩城自然保护区范围和功能区进行了调整优化。

开展上述工作，都需要投入、管理精力与群众的配合，非常不易。广西在这方面的基础工作上，如物种资源调查、物种繁育科技支持不够，物种迁地保护及基因库建设资金缺口大。

以上阐述的对四大资源维护的意义、繁杂的工作内容、开展的难度，为的是说明维护这些资源是必要的，又是很不容易的。因此，必须高度重视、认真投入，作为资源节约型战略的实施，这些努力是无可回避的。

第三章

资源节约型战略的内容

第一节　资源节约型经济战略的指导原则

形成经济发展战略，既是整个经济发展的综合结果，又是整个经济发展的主线与带动力量。因此，制定发展战略必须立足现实经济条件，并展望将来的发展趋势。在生态经济视角下，思考广西经济发展战略要有如下指导思想。

一、实施生态经济意义上的跨越式发展

后发地区要赶上先进地区，需要跨越式发展。当今，广西需要将“跨越”的战略方向放在生态经济意义上，这一新型的跨越式发展战略区别于传统工业化意义上的赶超战略。做出这一选择的理由在于：

(1) 看到许多先发地区走了弯路，后面发展的地区就可以避开这一曲折。许多工业化进程走在前面的地区，尽管科技先进、产业基础雄厚、收入较高，然而环境遭受严重污染，当地人民生活质量严重下降。几个雾霾严重的地方，都是工业化程度高的地方。发展经济要以人为本，不能只顾追求经济成就而忽视生态平衡与人的幸福健康。从世界发展新趋

势来看，鉴于工业化发展已经引起全面的生态危机，世界呼唤着新的文明形态——生态文明，在生态经济意义上实施跨越式发展，是主动追赶发展新趋势的努力。

（2）后发国家与地区想要在固有的工业化模式下赶超先发国家与地区，必将受到自然资源与环境的重大约束，原有的发展道路很可能难以为继。广西今天要取得发达地区昨天的工业化成就，受到的资源环境约束之大已非同日而语。国内外环境已不允许广西按部就班地依照其所处的工业化阶段本来的要求去安排工业化任务。随着地球生态危机的加深，尤其是温室气体排放量过大，新型工业化必须加上生态化的内容，否则必定为国内外环境所不容。

（3）从20世纪90年代起，基于世界经济出现的信息化浪潮，中国已将自己要发展的工业化定位为“新型工业化”，即工业化加信息化，信息化带动工业化。广西的工业化作为中国工业化的一部分，肯定要有超越传统工业化中期的任务，迈向信息化发展，这一超越的力度将不断增大。也许广西还要补许多工业化中期阶段乃至初级阶段的课，但许多传统工业化应在初级、中级阶段完成的事项没有在这些阶段做完。这就要重新认识区情与目标来进行定位，通过加快转变经济发展方式来找出路。若广西要在传统的经济发展指标上赶超发达地区，既困难重重又意义不大。困难重重不仅在于谁都会努力前进，在同一条路上人家没有失误你很难赶上来，更重要的是当你在原有产业结构上赶上别人时，市场的需求与科技的标准都变化了。最好的办法就是“抄近路赶超”，就是超越而不是跟踪。“赶超”要与“转型”相结合。

（4）另外，虽然后发地区在经济发展的传统领域很难赶超先发地区，却往往会在创新领域后来居上。广西致力于绿色发展，容易发挥后发优势，创造领先业绩。在中共广西壮族自治区第十次党代会上，发出了“开拓绿色发展新路子、建设生态文明示范区”的号召。时任自治区党委书记的郭声琨强调，实现富民强桂新跨越，必须充分发挥广西“山清水

秀生态美”的优势，努力走出一条生态立区、绿色崛起之路。在他接受全国人大代表记者采访的通讯报道《绿色广西的梦想并不遥远》当中，可以看到自治区领导在转变经济发展方式中的决心和高端设想，说明地区经济发展水平的暂时落后并不意味着在发展方式上就要落后。

相比之下，广西信息化的跨越要比生态化跨越容易。因为信息化跨越是拓展性的，有利于增加经济总值；而生态化的跨越是约束性的，往往不利于数量扩张而是有利于质量提升，成绩不显著。选择生态经济意义上的跨越式发展战略，就是重视生态环境与资源约束，绕开或缩短工业化进程中经过的某些具体的阶段，即某些导致高耗能、高耗材、高污染结果的产业高增长阶段，直接转向低耗能、低耗材、低污染的产业结构形成阶段，尽可能避免先发地区走过的非绿色发展弯路，尽可能抄可持续发展的捷径，将广西的后发优势转化为发展优势。

实施生态经济意义上的跨越式发展战略，走出一条符合生态立区愿景的发展新路。体现这一跨越式发展，就要在发展目标上提升生态经济指标的地位，在赶超上优选资源综合利用水平指标，根据生态经济战略目标调整经济产业结构，推进产业绿色发展。在发展依托上，由资源依赖型向创新驱动型转变。在产业结构上，转向发展低耗能、低污染的高新技术产业、服务业与生态型农业。根据广西的区情，以积极的姿态响应党中央的号召，以推进节能减排为重点和契机，大力发展循环经济。

根据广西循环经济发展“十二五”规划，2015 年，全区能源产出率要达到 1.43 万元/吨标准煤，水资源产出率达到 37.34 元/立方米，土地产出率达到 7.13 万元/公顷，工业固体废物综合利用量要达到 6000 万吨，利用率为 75.0%，主要再生资源回收利用总量达到 320 万吨，主要再生资源回收率达到 70%，工业用水重复利用率达到 75%，城市生活垃圾化利用比例达到 30%。现在“十二五”规划已到期，是否达到规划指标有待统计数字公布，但可以确定以下两点：一是实现上述指标不仅是生产技术提高的结果，也是增长中心从追求数量、规模转向质量、效率的结果，要实现并不容易。二是规划指标比2010年有很大进步，只要进步突出，某些指标未达标也不要紧，关键在于持续进步。

为此，还应做到以下几点：首先，不仅要研究、学习发达地区的经验，也要研究、吸取发达地区在经济发展方式上的教训，避免再走弯路；其次，要有智慧的眼光，洞察过去大发展时没有碰到的社会大环境、经济（尤其是国内外市场）大环境、生态大环境的变化及其带来的机遇与挑战（即严重的制约）；最后，要有前瞻的思维，较早地按科学合理的预期做好产业发展规划。从产业发展规划与企业动力机制上转型，夯实战略转型的科技支撑。

二、选择符合国情、区情的发展新路

想要后来居上，往往习惯于仿效先发者。但贯彻科学发展观使我们领悟到，后发国家的经济社会发展要适合自己的条件，不能盲目照搬西方发达国家的模式，盲目地沿袭西方国家曾经走过的路子，盲目地用人家达到过的指标来对照自身的发展水平。广西的发展是在中国发展的框架下进行的，不仅要依据中国国情，还要注意广西的地方特点。无论在参照国际经济技术指标上，还是在发展模式、战略、措施的选择上，都要有自己的创新或独特性，因地制宜地发展产业。一般来说，在国别与地区比较当中，直接反映人与自然关系的生态经济发展水平的指标更多地具有可比性，可以成为我们比较、仿效、追随的指标；而对于受社会因素影响较多的指标，如三次产业比例、城乡经济比例、内向经贸与外向经贸比例等，更多地要看国情与区情。广西经济发展应当多瞄准国内外先进的生态经济发展指标，力争赶超；而对与国情和区情联系多的经济指标则不去盲目攀比、仿效。例如，根据广西区情，广西成为农业强省、林业大省的目标是可行而必要的；而成为工业大省的提法，就不如提成为工业“特省”，即成为有特殊优势的省。

三、遵循科学发展的原则来解放思想

往年一提解放思想，各级部门总是“想新的、干大的，不要因循守旧、不要保守”，反思教训总是固定遵照“没有抓住机遇、改革不够大胆、开放不够超前”之类的模式。这种仅仅着眼于规模与速度的眼界不是21世纪的解放思想，而是20世纪的解放思想。解放思想不是那种企图用几年工夫就赶上发达地区，高喊“大干快上”，只会提振奋人心的目标，而不考虑客观实际（客观需要与条件）。真正的解放思想是与反思经济发展中的失误、抛弃“以GDP为本”的错误观念相联系的。广西是人均GDP排名落后的地区，广西人要能够在经济发展中不去盲目追求这一数量指标，而是正确处理经济效益、生态效益与社会效益的关系，思想不解放是做不到的。真正的解放思想就是敢于确立科学的新目标，敢于寻求实现新目标的新举措。当前要在发展生态经济的引领下实施资源节约发展的绿色转型，紧抓资源高效利用、综合利用，不断拓展这个龙头，不仅要有新的“选路”，而且要有新的“迈步”，这就要突破传统思维习惯的束缚，对科学选择下面临的困难敢于克服，不够充分的条件敢于创造。

有针对性地解放思想，要联系发展转型。以经济增长方式转变为突破口，逐步实现经济发展方式的全面转型。经济增长方式的转变是指粗放型增长转变为集约型增长，其转变是通过生产要素质量、结构与使用效率来实现；经济发展方式的转变，除包含经济增长方式转变的全部内容之外，还包含发展理念、发展定位、发展领域等一系列的转变。为此，对改革开放以来广西经济发展的历程，需要进行一些反思；对今后的发展措施，要有创新思维。贯彻科学发展观，坚持城乡之间、区域之间、经济与社会、对内与对外之间、人与自然之间的五个统筹发展，力争实现“全面、协调、可持续”的发展状态。

四、发挥地方优势，弥补科技实力劣势

在这方面，广西的产业发展要采取“扬长避短、发挥优势”与“取长补短、培育优势”两个原则，也就是现有条件与创造条件一起来，静态与动态相互动。广西的优势主要是某些自然资源优势与已有的产业发展基础，但这类优势仅仅给广西带来现有位于全国中间水平的一批资源密集型产业与依托农业资源的加工业，再要进一步发展根本不够。培育科技方面的新优势、改变科技实力方面处于劣势的局面更为主要。培育优势主要是“取长补短”，引进技术与人才，也要善于用“扬长避短”原则来培育优势。选择资源密集型产业生态化等发展方向，正是在培育优势当中包含了“扬长避短”原则。在广西有资源优势的领域，努力增强科研院所和高校创新动力，加强企业技术创新能力建设，推动产、学、研与科技产业化进程，引导各类资金支持研发基地、平台建设与项目，扶持科技开发与应用基地，以基地与项目直接引进科技人才，这样才能增强所选择的产业的竞争力，落实生态经济视角下产业发展的规划与构想。

第二节　资源节约型经济战略实施中的重要问题

一、从正确处理城镇化与新农村建设的关系当中实现资源节约与增值

正确处理这一对关系体现在以下几个方面：

（1）城镇化必然会占用、吸引农村资源流入，包括土地资源、劳动力资源、资金资源。然而，合理发展的城镇化有自己的资源增值机制，要建立在产业发展等必要条件具备的基础上，同时城镇化要对农村产生经

济能量辐射，对新农村建设有所带动，而不是损害新农村建设；新农村建设应更多地依托城镇化，两方相互促进才能实现全面的现代化。如果盲目地追求城镇化的表面成绩，在论证、预测、研究很不充分的情况下匆匆忙忙掀起热潮，以为这样可以拉动房地产、建筑业、建材业、装修业、商贸餐饮业甚至制造业，拉动固定资产投资与城市生活消费，提升就业率、税收、土地收入，那么就可能造成迟早会破灭的经济泡沫，浪费大量的经济资源。城镇是产业的载体，在创新不足、技术水平不高、产业竞争力低下、国内外市场拓展受限，而又产能过剩的情况下，过热的城镇化只能是经济泡沫。而城镇化的粗暴行为，如占用耕地、破坏植被、改变地貌，很容易引发新的生态灾难。

（2）要以城镇化带动有规模的教育、技能培训、服务咨询、信息服务，向农民提供上述服务，为农民的人力资源提升提供条件。这些的前提是农民可以安居乐业。当前，农村劳动力状况与现代农业发展的需求之间不配套。在部分地方，乡村人口增加与农业土地资源减少之间的矛盾妨碍农业的集约化经营，而越来越多的地方呈现农村劳动力数量与质量都不能满足现代农业发展需求的状况。劳动力数量问题是由于大量以农民工形式向城镇进行劳务输出，劳动力质量问题是由于最强的劳动者向城镇转移之后，留下的劳动者在生产能力、学习能力上都大大降低。为此，补上现代农业发展这个短板，才能启动城乡相互推动发展。城镇化与新农村建设，不能“一头热气腾腾，一头冷冷清清”。这样的后果就是城乡发展失衡。在城乡发展失衡中，会造成土地资源与人力资源的损失。

（3）乡村与县城以上的城市差距较大，但有村镇、乡镇、建制镇作为过渡状态。在村镇、乡镇、建制镇积极发展商贸、信息服务、社区服务、教育培训、文化体育等需求潜力大的服务行业，会产生城镇化与新农村建设的中间效果。新农村建设本身就有很强的资源节约内涵。以新农村建设为契机，可以大力推进农村环境综合整治，建设清洁家园、清洁水源、清洁田园，加快农村污水、垃圾收集处理设施建设，推进土地整治、改水、改厕、改栏舍和沼气普及化，落实农村环境综合整治“以奖促治”政策，大力推进农业面源污染防治和规模化畜禽、水产养殖污染防治。强化农村环境监管，防止工业污染向农村转移，实施污染土壤治理和生态修复工程。有利于充分利用水能资源发展小水电，通过小水电开发和使用扩大农民对家用电器的内需；有利于加强农村污染治理，解决农村脏乱的问题，突出其空气新鲜、自然风光的优点。在有必要有条件的地方，以乡镇为单位通过民办公助、公办民助等多种方式开展自来水工程，改进乡村饮水条件；发展小水电，替代其他燃料。充分发挥生态旅游资源优势，坚持旅游开发与自然、历史文化遗产保护同步规划、同步实施，积极发展观光农业。

（4）从世界产业发展趋势看，产业发展由信息化开始向生物化转变，城镇与农村具有这一个纽带，完全可以从不同的生产条件来推动现代化农业和与生物相关的战略性新兴产业。以生态经济的视角来利用农村的各种自然资源是有前景的。为此，要在农村大力培养人力资源。农村长期处于与城市发展水平差距巨大的状态，必将诱使农村头脑最灵活、最能干的人陆续转入城市，导致出现城市化越推进、农村越落后的发展势头。从产业发展来看，科学对待城镇化要从控制房地产盲目扩张入手，以节约土地资源；建设新农村要从培育农村的产业发展入手，以扩大农村的人力资源。

二、正确处理产业发展的“质”与“量”的关系

这对关系的实质是长远与眼前的关系。由于广西当前需要有一定量的经济收入与就业岗位，不得不考虑产业发展的“量”，但长远利益系于产业发展的“质”。正确处理两者关系体现为以下几方面：

（1）结构问题。广西多年来都是第二产业落后、第三产业超前，这种状态加上第二产业中轻工业市场饱和、机械电子工业竞争力弱，很容易把增长的希望放在以原材料工业（冶金、石化）为主的重化工业上。持

传统工业化看法，重化工业的较大比例是工业化达到成熟阶段的标志，增大重化工业的规模体现着广西努力追求“进入工业化中期”的目标，提升广西工业化率在全国的排位。然而，广西正确的产业发展战略应当是追求工业化有多少传统色彩被“新型特点”所取代，如何在走新型工业化道路当中以信息化和生态化来带动工业化，如何以“资源节约型、环境友好型的两型社会建设”来规制产业发展，拓展循环经济、低碳经济的途径。显然，对于当前的广西工业化，前者是产业发展的“量”的概念，后者是产业发展的“质”的概念。前者比较容易做，后者做起来就相对较难。正确处理产业发展“质”与“量”的关系，就要兼顾前者，而将主要努力放在后者上。按照跨发展思路，重化工业特别是原材料工业宁可放慢规模发展，也要将资源综合利用、产品加工度升级的水平大幅度提高，并且用现代高加工组装的制造业、信息技术产业、新型服务业，以有机食品、生态产品、生物能源原料为代表的新型农业来弥补重化工业规模发展不足。尽管这些产业因科技含量高而扩增艰难，远远不如引进几个大型冶金、石化项目那样工业化成绩卓著，但不如此就无法做到科学发展与可持续发展。

（2）对待国外、境外、省外来投资问题。鼓励各方投资，尤其是来自广西外部的投资，是推进广西经济增长的重头戏。应当继续改进广西的投资“硬”环境、“软”环境，但要讲究投资制约，为区内外投资设置社会、生态门槛。表面看来，此举与“鼓励”相悖，实际上是不为眼前增长利益而牺牲长远发展利益，只有这样才能使外来投资取得的是符合地方综合利益的发展效果。社会、生态门槛体现在企业必须贯彻应有的社会责任与环保义务，为追求经济实绩而采取掠夺劳动者、掠夺自然资源与环境的种种做法必须制止，对此绝不纵容。否则，引发的各类社会矛盾与生态危机将会使地方付出更大的代价。

（3）一般发展与绿色发展。广西的产业应从整体上开始绿色转型，使经济发展逐步转到绿色发展轨道上。但这要有一个过程，在一段时期，

加快转变经济增长方式的主要措施。依靠科技进步，增强创新能力作为节能减排的中心环节。资源利用方式逐步优化，节约型技术、装备、材料得到推广应用，节能降耗水平和资源综合利用效率有较大提高。

建立科学的节能降耗减排指标体系，考核体系和监测体系并加以改进。激励地方政府转变经济增长方式。加强重点耗能单位的节能管理，定期检查督促。完善能源资源节约和废气减排奖惩机制。

配合国家调整能源、资源的价格，通过市场手段引导终端需求，以价格信号引导节能减排，完善既有利于节能减排又符合市场经济要求的价格体系，为价格机制的合理成长提供条件。资源性产品的国家权益拿回来，用于这方面的技术创新。

开发和推广节约、替代、循环利用资源和治理污染的先进适用技术，实施节能减排重大技术和示范工程。不断落实燃煤设备改造、余热余压利用、绿色照明等节约降耗重点工程。能源供应行业本身要按照节能减排的要求加以调整。

二、调整产业结构

广西实施资源节约型战略，需要采取更加有力的措施来应对日益加大的人口、资源、环境矛盾，制定全面的资源开发、利用规划，从产业发展上促进资源的再生、利用。这就要相应地调整产业结构，包括原有不同要素密集型产业之间的结构调整、不同技术档次的产品结构调整、不同规模的企业比例的调整。结构调整的方向是形成增加附加值、节约资源能源和保护环境的产业结构，最终达到提高资源综合利用水平的总体效果。

产业结构调整需要同时从以下方面努力：

（1）对于有市场前景的资源密集型工业需要继续发展，但应当努力使其他工业的比重高于资源密集型工业。对于矿产原料加工，要追踪世界原料深加工技术。

（2）在各个产业提高资源综合利用技术水平，降低粗加工与中低档产品比重，对传统产业进行以节能降耗为基础的生态转型；其中重点改造提升重化工业和有色金属加工业，通过推广绿色化工、无废工艺和延伸产业链，加大高耗能和高耗水产业的设备更新和技术进步力度。

（3）广西以煤炭消费为主的能源结构对建设"两型社会"与经济发展本身都极为不利，要有改变这一结构的预期规划。调整和优化以煤炭为主的能源结构，要尽快寻找重大能源的替代方案。在推进清洁能源建设、抓好工业节能的同时，大力发展核电、水电，以及风能、太阳能和生物能等可再生能源、清洁能源。

（4）着力推进信息化，创造传统产业高新技术化与高新技术产业化的更大成就。在传统工业与新兴产业之间，应减少前者比例，增加后者比例。前者致力于产业改造，不追求增量。实现传统产业技术结构和产品结构的进一步优化。后者发展生物、新材料、新能源、电子信息等先进制造业、高新技术产业，扶持发展海洋生物、海洋化工、海洋药物、海水综合利用等新兴海洋产业，增量显著。

从调整产业结构入手，增强广西经济实力，增强产业、产品和企业的竞争力。

三、化解产能过剩

产能过剩与资源节约是根本对立的。为了化解产能严重过剩，一方面要制止加剧产能过剩的新投资，另一方面要对已有的企业生产进行任务调整。化解产能严重过剩是推进产业结构调整、促进产业升级的重要切入点。当然，这一化解要有针对性。

产能过剩有三种情况：一是一些传统产业经过多年发展，生产超过了市场需求，出现了产能绝对过剩，具体有铁合金、水泥、电解铝、平板玻璃、船舶等产业。二是一些行业高污染、高能耗、高物耗，停产不影响市场供给，反而有利于环境保护，如不改变这种状态，就只能当成产能过剩行业，不等市场淘汰就要调整下来，如钢铁、造纸行业。三是像酒精这样的新能源，其发展要全面配套推进，如果离开了这个要求，生产当先、市场滞后、技术落后、方式陈旧，就会造成产能过剩。其实从长远来看，社会是要求大发展的。

这项工作需要具体做到以下几点：

（1）加强国土资源开发利用的统筹管控，严把新增产能项目建设用地供应闸门。发挥土地利用总体规划的统筹管控作用，严格土地利用计划管理，严禁通过修改和调整规划为新增产能项目提供用地空间，严防不符合国家产业政策的用地合规化。加强用地与用海管理的协调衔接，严防通过填海造地为产能严重过剩行业新增产能项目提供空间。从源头上遏制产能严重过剩行业新增使用土地。

（2）做好矿产资源规划评估调整，依据规划严格审核矿产资源勘查开采项目，促进资源开发总量供需基本平衡，资源配置与产业发展相协调。

（3）适应扩大对外投资合作、消化国内产能的需要，深化境外矿业领域互利互惠合作，继续依托“中国东盟矿业合作论坛暨推介展示会”的有效平台，支持企业在相关国家投资矿业开发合作项目。

（4）根据资源环境承载能力和区域发展总体战略，做好土地利用总体规划、矿产资源规划与区域规划、产业政策的协调衔接，强化资源能源和环境硬约束，有序推动产业梯度转移和产能跨地区置换，促进产业结构升级和空间布局优化。

（5）促进产能过剩行业、淘汰落后产能企业对利用现有土地按政策开发转产，做好用地收回、转产利用工作。

（6）对工业和经营性项目用地与矿业权，严格执行招标拍卖挂牌出让制度，坚持以工业用地出让最低价标准出让国有建设用地使用权，严禁以土地换项目、先征后返、补贴等形式招商引资。控制和规范矿业权协议出让，进一步完善能源和矿产资源出让管理。

四、强化再生资源利用

这里是指工业领域的再生资源，再利用的生产门类包括废电线电缆、废旧机电产品等再生资源回收利用及其深加工产业，金属拆解、熔炼和深加工，再生铜、再生铝等。这类产业的服务对象主要是本区的废旧工业品。为了提高该领域的企业生产效率，也从国内其他地方进口废旧工业品，以及在严格选择之下进口国外的废旧工业品。选择的标准首先是防止污染转移，其次是拆解和加工之后有利可图。发展这类产业要有较高的技术门槛与规模门槛，不能小规模、因陋就简地进行，因此再生资源产业一定要有相当的聚集度。当前是以再生资源加工园区为主要载体，引进国内知名的大型有色金属企业作为龙头企业，开展有技术保证的生产项目建设。广西已有梧州再生资源加工园区，对于资源节约型战略这仅仅是个起步，要解决再生资源加工利用的合理规模、合理分工、合理布局、合理进出口以及引进资本、技术的问题，使再生资源利用建立在产业化、标准化、高技术化与经济效益也不错的基础上。

五、开展国土建设

国土建设的基本作用是维护生态环境平衡，在资源节约型战略中，其意义在于维护基本资源，为相关产业发展增强自然资源的供给。在这个战略中，国土建设着眼于加强土地、水、草原、森林、矿产等资源的保护和节约集约利用，搞好海洋资源保护和合理利用。

广西总体与局部的国土建设都放在总体规划中，斟酌经济、社会、资源、人口、环境的均衡发展。体现在项目上，要建成一批重大生态经济建设工程，开展维护型和修复型的生态建设，形成规模的环境成果。这些工程要设定科学的经济与生态双重效益，能进行可持续发展能力的考核。通过这些国土建设，使更多的市、县达到生态市、生态县建设指标。搞好国土资源管理信息化建设。

国土建设的主题是保护和恢复自然植被。推出以广西主要江河流域生态修复为龙头的一系列生态修复项目，在治理污染领域持续努力。大力实施植树造林绿化，达到水量充足、水质清洁的要求。加强对生态功能保护区和自然保护区的保护与建设，保护好水源保护区和生态恢复区。加强城镇规划区内的天然林地、草地、湿地等生态系统和生物多样性保护。将周边重要生态区国有林场的商品林逐步改为公益林，继续推进退耕还林还草工程，因地制宜地建设多层次的城镇绿地体系。加大地质灾害防治和水土保持工作力度，全面治理水土流失。开展石漠化治理工程：以扩大石山地区的绿化面积、提高植被覆盖为目标，种植非经济用途的林木，恢复岩溶地区生态系统、重建生物多样性的环境条件。总结与推进“弄拉模式”对石漠化县区治理的经验，进行多种模式的综合性生态建设。

采用节水灌溉技术和工程措施，解决桂中平原干旱问题；实施沃土工程，提高耕地生产力。加强造林绿化，通过实施护林体系生态工程建设，加强资源生态保护，保持生态功能，以此加强旅游资源的维护工作。推进矿区生态治理，引导矿山合理有序生产。加强对各种自然资源的保护和管理，实行有限开发、有序开发、有偿开发。在综合考虑城镇化、工业化、生态建设等因素前提下，使耕地保有量保持稳定。

六、推进城乡生态文明建设工程

以资源节约为主要抓手，推进城乡生态文明建设工程。具体有以下两个方面：其一，提高城市污水处理率。其意义在于保护整个区域的水体，节约使用淡水。加大污水处理工程投资，建设污水收集管网建设，利用再生水来满足绿化、洒水抑尘，冲厕、景观、建筑等环保和公共用水需求，实现再生水和工业用水的衔接。其二，提高城市生活垃圾无害化处理率。其意义在于保护城市周边的土地资源。构建以绿色环保回收中心站、社区流动运输收购为基础的再生资源回收利用网络体系。

第四节　资源节约型经济战略的延伸内容

一、资源节约型战略的配套调整

资源节约型战略在广西经济发展战略中应处于引领战略的地位。由此，一些相关联的其他战略就需要围绕资源节约型战略加以调整。

引进外资战略。在开放型经济发展当中，许多的外国企业进入我国，并将千方百计地利用我国的环境与资源。为保障我国环境权益不受破坏和侵犯，我国政府应加快对现行环境保护法律、法规及标准的修改和完善，尤其在填补环境法律空白和与国际接轨方面，要作为重中之重对待。例如，针对中国加入 WTO 后，外资企业将明显增加，可能会向我国转嫁污染，以及以往较少考虑外贸对环境与资源可能造成的影响危害等情况，需要修改、完善和出台相关的环境政策、法规和标准。对于广西来说，执行好现有的环境保护法律，完善已有的地方环境保护法规，应当提到重要地位上来。

引进外商投资企业要有相应的限制，就是不再重复过去那种花费本地资源多、创造价值少的格局。要提升开放经济特定区域的科技含量，如中国—东盟南宁空港扶绥经济区、钦州保税港区、广西凭祥综合保税区等，积极承接国内外先进加工制造业转移，争取将航空制造业、航空设备制造业、航空材料业、通信电子、仪表、电子元器件等电子信息产业转移过来。鼓励将资源消耗型产业转移到国外。

承接东部产业转移战略，其调整内容在于限制高污染、高耗能、高耗材的产业转移过来，对转移产业设置较高的门槛。为此，一些有经济价值而没有生态价值，或负的生态价值的转移项目就不能接纳了。将节能减排纳入广西开展区域合作的重要内容。

发展农村工业化战略、引进外资的战略，要有产业、技术、项目生态经济效果的筛选，以适应资源节约型经济的战略要求。

农村工业化战略与发展中小企业战略，不再仅仅着眼于就业与增收，要有产业政策与环保政策的门槛，要看其是否符合资源节约型战略。

在上述调整中，重点是避免发展高消耗、高污染、低效率的产业和产品。

二、大石山区国土资源利用

资源节约型战略包括高效利用国土资源。广西重点利用国土资源在以下两方面：一是石山地区的国土资源，二是海洋资源。石山地区国土资源利用是区域经济问题，在本章进行阐述；海洋资源利用更多的是产业经济问题，将在谈产业发展的第五章展开。

将石山地区国土资源的利用置于扶贫开发的工程之下，不仅有生态经济的意义，更有社会意义。如何利用国土资源成为一项战略要点，对石山地区国土资源高效利用有如下要点：

1. 前提

广西有大片石山地区，是岩溶地貌发育较为典型的地区。21 世纪初（据 2005 年的数据），广西岩溶地区土地总面积 1.2 亿多亩，占全区面积的 35.3%，石山面积占国土面积 30%以上或石山面积 30 万亩以上的县有 43 个，集中分布在桂中的红水河流域、柳江流域，桂西的左、右江流域，桂东北的漓江流域中下游两岸。岩溶分布区总人口为 1100 万，其中乡村人口 950 万，少数民族人口 800 多万。这一区域集中了广西 30%的农村人口和近 70%的贫困人口。因此，广西既有沉重的扶贫开发任务，又有维护生态环境、防治石漠化的任务。据石漠化监测结果，广西全区岩溶地区已经石漠化的土地达 3500 多万亩、潜在石漠化土地 2700 多万亩。这里的任何开发都要以维护石山地区的国土资源为主，围绕防治石漠化来合理开发、增加植被，推进生态型产业发展。

2. 石山地区的产业选择

根据石山地区不同的海拔高度、坡度、土壤、气候和生物等特点，因地制宜安排林果种植，进行石漠化治理。通过砌墙保土、修建山塘、小水利等措施，改善土地耕作条件。以发展生态农业、庭院经济为主，通过种粮食、栽果树、种经济作物、饲养家禽牲畜、创办小加工企业等方式，开发地方有市场优势的农户品，以就地开发为主实现脱贫致富。

利用山区丰富的农、林、牧产品资源，大力发展加工技术改造，在优势产品主要生产区域建设一批不同层次的加工工业园，提高产品附加值和产业的集聚效应，加快发展农林牧产品加工业。重点培育农业龙头企业，大力发展“订单农业”，建立“公司+基地+农户”发展模式，发展以农林牧产品生产和营销专业户为主体的农民专业合作组织，提高农业产业化经营水平，引导贫困群众走集约化、专业化、标准化、基地化生产路子，使贫困农户通过参与农业产业化各个环节实现增收。同时，搞好群众的科技培训和劳务职业培训。

依托石山地区得天独厚的旅游资源优势和扶贫龙头企业的带动，加快生态建设和旅游资源的开发进程，发展生态农业、旅游业。开发市场竞争力强、规模大、档次高的旅游产品，促进贫困劳动力就业，实现开发一方景区、繁荣一方经济、致富一方百姓、丰富一方生活的目标。

3. 生态建设与经济发展相兼顾

生态建设与产业发展兼顾。具体举措为：走“生态产业化、产业生态化”之路，促进传统农业向绿色生态效益型农业转变；采取工程措施与生物措施相结合、经济建设与生态建设相结合、发展生产与劳务输出相结合、就地开发与异地开发相结合的措施；增加土地、粮食、能源、饮用水等人均占有资源量，缓解人与自然的紧张关系。

用生物治理和工程治理相结合的办法绿化家园。通过实施封山育林、人工造林、发展食草畜牧业、坡改梯、小型水利水保工程，使治理区生态出现明显效果。新增森林植被、草地植被、新增森林蓄水量、减少土壤流失量。发展生态型经济林。实施“山、水、林、田、路”综合治理。对全部公益林实施生态效益补偿。吸收科技人员成立生态建设科技支撑专家组，以技术承包、技术合作、技术入股等多种形式参与生态建设，结合生产搞研究，为生态建设提供强大的技术支持。

在开展石漠化综合治理试点工程建设中，针对不同高度的石山区域分别抓好不同的措施：山顶，采取封山育林、植树造林、生态公益林保护等措施，恢复森林植被，改善生态环境，搞好水土保持。山腰，充分利用退耕还林和沿山一带的土地，大力发展核桃、油茶等特色经济林。山脚，在山前的平缓地带，通过坡改梯地、修排灌渠，营造生物埂，建谷坊坝、修筑拦沙坝、旱地水窖，防止水土流失，增肥地力，保护和增加基本农田地面积。平地，结合岩溶地下找水，兴修水利，开展中低产田地改造和高稳产农田地建设，提高土地产出率，增加粮食产量。修建坝塘、水池、水窖，新增蓄水量，兼顾人畜饮水，使水利设施完善，田间道路畅通。

在村里发展户用沼气池、小水池（窖）建设，解决农村能源、人畜饮水和牲畜饲料问题。以沼气为切入点建设农村生态家园，试行“养殖—沼气—种植”的三位一体庭院经济循环模式，在生态家园内养猪，建沼气池，粪便入沼气池，沼气做能源，沼渣肥土地，形成“养猪不垫圈、照明不用电、做饭不需柴、种菜不花化肥钱、绿色产品无污染”的生产生活模式。

4. 河池市凤山县的农业替代例子

从 2001 年起，广西河池市凤山县摒弃大石山区传统的玉米种植方式，推广核桃产业，10 万余亩的核桃树将昔日的石漠化山区变成了“绿色银行”。核桃作为重要的生态经济林木和重要木本油料，生产发展具有巨大的空间和潜力。小核桃使大石山区既收获了脱贫的“票子”，又盖上了生态的“被子”。

石山区坡地里含铁量很高，种植玉米产量低，每亩收入仅 100 多元。种植核桃后按一般的产量与现在的市场价，每亩至少有 3000 多元收入。核桃耐旱、耐瘠，适合在石缝等恶劣环境中生长。不仅有着良好的经济价值，生态效益也十分可观。大规模种植核桃对于遏制石漠化的蔓延有着积极作用，“石山”变“绿山”。选择种植核桃已经成为大石山区脱贫致富的重点产业。

当然，核桃虽然种植成本低、技术含量不高、产品易储藏，但需在前期投入 8~10 年后才开始结果。在此期间要投入人工费、苗木费、肥料费等，一亩总投入为 1800 多元。另外，核桃收获期长，长达 80~100 年。所以特别需要注意的是市场容量，不能把整个区域的经济发展只系于这一项品种生产之上。

为使种植在石山上的核桃树能够产生更大的生态效益，凤山县用“砌墙补土护核桃”的办法，即围绕核桃植株砌直径 2~3 米的护土墙，并补土 1.5~2.0 立方米护树，为核桃树提供一个“人造水柜”，提高土壤保水、保肥能力，利用有限的土地资源、空间，营建出适宜核桃树生长挂果的“温床”。

第四章

资源节约型经济形态

第一节　资源节约型经济的两种模式

资源、环境、生态等问题已成为制约人类发展的深层次问题，也是我国经济社会持续发展的关键制约因素。面对我国资源环境状况严峻的现实，中国从全面贯彻落实科学发展观的高度，致力于建设“两型社会”。循环经济和低碳经济分别从两个途径来通向“两型社会”。对于发展生态经济而言，循环经济是从物质能量可循环的领域来看的，低碳经济主要是从能源与大气的角度来看的。循环经济更直接地实践着“资源节约”的要求，低碳经济则更直接地实践着“环境友好”的要求。从某种意义上说，低碳经济是横向比较下的战略措施，循环经济是纵向比较下的战略措施。循环经济、低碳经济可成为生态经济中最现实的两类发展指标体系，实施低碳经济与循环经济是当前紧迫的战略措施，包含最优先的日程安排与最能影响社会日常生活的具体提倡。在五年发展规划等各类计划调节中，将尽快有量化的对应指标，用于考核国家、地方、各级政府、企业等可持续发展的实绩与程度。同时，最近一个历史时期，“低碳经济与循环经济”将成为引领中国经济结构调整乃至全球结构调整的重要驱动力。低碳经济与循环经济蕴藏着巨大的商业机遇，又是增长模式转型的重要契机。

一、循环经济概论

当前，中国发展循环经济已经成为共识，而且尤为迫切。我国已经将发展循环经济定为国家战略。从单纯的科技管理转向经济—社会—自然复合生态系统，从多部门分兵治理转向国家统一部署。

1. 循环经济理论的来源

美国经济学家肯尼斯·鲍尔丁对人口控制、资源利用、环境污染以及国民经济与福利核算等问题做了原创性研究，以“宇宙飞船模型”的方式提出“循环经济”理念。其观点为：整个地球如同太空中的宇宙飞船，依靠其自身的资源维持，一旦资源消耗殆尽，宇宙飞船也就无法生存了。同理，如果我们还是如以前那般线性地利用地球上的资源，地球也将像宇宙飞船那般因为资源的耗竭而走向灭亡。现在看来，鲍尔丁当时的观点具有相当的超前性，若干年一直没被人们重视。

罗伯特·弗劳什和高乐普乐斯（1989）指出，传统的工业活动应该向产业生态系统转换。在这一系统中，能量和物质的消费得以优化，废弃物的产出被最小化，一个工业流程的废料可作为另一个工业流程的原料。

1990 年，英国环境经济学家 D.Pearce 和 R. K. Turner 在其著作《自然资源和环境经济学》中第一次使用了“循环经济”（Circular Economy）这一概念。20 世纪 90 年代中期，循环经济开始作为实践性概念出现于德国、日本和美国，它们制定了诸如《物质循环与废物管理法》《建立循环社会基本法》等相应法规。

Erkman（1997）指出，产业生态学要求协调地看待产业系统与其周围环境的关系，是试图对整个物质循环过程——从天然材料、加工材料、零部件、产品、废旧产品加以优化的方法。根据产业生态理论，资源节约型经济意味着追求生产的减量化、资源的再利用和物质的再循环；意味着企业推行清洁生产，区域层面上建立工业生态园区，社会层面上对废旧物质再生利用。

经过多年的理论研究和实践，现在取得基本共识的循环经济（Cyclic Economy），是基于一种物质闭环流动型经济运动的经济形态，是以产品清洁生产、资源循环利用和废物高效回收为特征的生态经济体系，其基本内容是在资源开发与产品的生产、流通、消费全过程中，通过资源高效和循环利用，实现废弃物的低排放甚至零排放，达到保护环境、降低资源耗费的目的。

这种经济形态把清洁生产和资源综合利用融为一体，要求遵循“3R”原则：①资源利用减量化（Reduce）原则，即在生产的投入端尽可能少地输入自然资源；②产品再利用（Reuse）原则，即尽可能延长产品的使用周期，并在多种场合使用；③废弃物再循环（Recycle）原则，即最大限度地减少废弃物排放，力争做到排放的无害化，实现资源再循环。减量化原则是从源头上节约资源，要求用尽可能少的资源来达到既定或更大的目标，并在生产、流通和消费等过程中减少资源消耗和废物产生。再利用原则是在生产过程中重复利用资源，要求将废物直接作为产品或经过修复、翻新、再制造后继续作为产品使用。再循环原则是将废弃物重新变成资源，要求将废物直接作为原料利用或对废物进行再生利用。

循环经济是相对于传统线性经济来说的，可以简明地表述为参与经济活动的物质要素流动具有环状特征。循环经济把生态学规律引入生产，以资源的高效利用和循环利用为核心。其实质是以尽可能少的资源消耗和尽可能小的环境代价实现最大的发展效益。其经济的特征在于物质的闭环流动和能量梯次使用，目标在于尽可能地减少经济活动中的资源投入并系统地避免和减少废物。循环经济改变了传统的“资源—产品—废弃物”的线性经济模式，改造为“资源—产品—废弃物—再生资源—再生产品”的闭环经济模式。环路当中对废弃物进行无害化处理，以减少对原生自然资源的开采，对环境的污染及对生态的破坏。从而把经济系统对自然生态系统的影响降低到最低程度。

循环经济从末端治理转向源头污染控制，通过清洁生产、循环型产业、绿色消费、废物综合利用等环节，参照自然生态系统物质循环和能量流动方式运行，从而使经济系统与自然生态系统的物质循环过程相互和谐，促进资源永续利用。它是一种新型经济发展模式，在资源投入、企业生产、产品消费及其废弃的全过程中，把传统的依赖资源消耗的线性增长的经济，转变为依靠生态型资源循环来发展的经济。以低消耗、低排放、高效率为目标，实现经济和社会的清洁发展与可持续发展。在人、自然资源和科学技术的大系统内，它是实现从工业化以来的传统经济转向可持续发展经济的重要一步，能够在很大程度上缓解日益尖锐的资源约束矛盾和突出的环境压力。

2. 发展循环经济的战略使命

发展循环经济已经成为我国工业化发展进程，以及贯彻可持续发展战略所不可避免的选择。我国正处于从工业化中期迈向后期的发展阶段，投资率高，原材料工业增长速度快，特别是粗放型经济增长方式没有完全改变，资源浪费大，单位产值的污染物排放量高。为此，我国的工业生产必须注重两端：一方面在资源开采、生产消耗这一端提高资源利用效率；另一方面在减少资源消耗的同时，相应地削减废物的产生量。

实施循环经济意味着更新工业经济的循环状态。在传统工业经济的各要素中，资本在循环，劳动力在循环，而唯独自然资源没有形成循环，最终结果就是不断消耗自然资源，危害生态环境。如果以自然能量与物质的循环为标准，那么在现有的方式与技术条件下就必然出现经济的不循环：在生产上投入多、产出少；或者产品的产出无法维持社会现有消费的规模。因此，提出循环经济的理念，就是要将经济循环纳入自然能量与物质的循环，或者说，在保证经济循环的目标下达到自然能量与物质的循环。很明显，实施循环经济的基本矛盾，就是经济循环与自然能量和物质循环两者的矛盾。可以判断，未来的发展方向是两者的完全统一，但是社会在相当长时期内，是难以完全使两者统一的。我们首先反对的是那种只顾经济循环、不顾自然能量与物质循环的“一边倒”倾向。在不能做到普遍循环经济的情况下，我们只能在部分领域，或者达到经济循环而牺牲少量的自然能量与物质循环，或者达到自然能量与物质循环而牺牲少量的经济循环，或者有幸两个循环都完全达到。也就是说，社会只能在局部领域实现循环经济，并逐步扩大这一范围，最后在全社会实现循环经济。从这个意义上看，实现循环经济的程度可作为现代化发展的一个指标。

现阶段实施循环经济的重点是在“资源”方面，应努力从以下方面突破“生态困境”：①在资源开采环节，要大力提高资源综合开发和回收利用率。②在资源消耗环节，要尽量减少废弃物的产生。工业废弃物产生量反映了生产的经济技术水平，一定工业生产总量中工业废弃物排放量越大，说明经济技术水平越低。③在废弃物处理环节，要大力开展资源综合利用。④在再生资源产生环节，要大力回收和循环利用各种废旧资源。体现在产业发展上，要使产业生态化与污染治理产业化、动脉产业与静脉产业协调发展有机统一。在企业层面，主要靠生产技术改进来实施小循环；在区域层面，主要靠区域内的产业合理配套、物质能量运行的优化整合来实施中循环；在社会层面，主要靠发展直接促进“循环”的新产业、推广生活新方式来实施大循环。

二、广西发展循环经济的领域

对于循环经济的含义、主要原则、应用层次以及在生产、生活两个领域中的表现已有大量论述，这里仅集中论述广西在三次产业需要发展循环经济的任务。

1. 循环型农业

提高农业资源（土地、水、生物资源）利用效率，循环利用农业废弃物与生活废弃物，推广应用循环农业技术，合理构建和延伸农业产业链。将农业废弃物综合利用，形成资源、产品、消费品与废弃物之间的转化与协调机制。基本任务是要逐步构建循环农业产业链，形成具有区域特色的循环农业发展模式、技术体系、政策法规体系和运行管理机制，实现农业经济增长方式根本性转变，农产品质量与效益显著提高，农村生态环境明显改善。

农业领域发展循环经济的重点，是将畜牧业—有机肥生产—种植业（或林果业）三个环节相结合，以取代非循环经济的那种“畜牧业产生粪便污染+化肥破坏土地有机结构+种植业产品品质下降”的模式。

要解决以下问题：农业经营主体能否有这一追求与能力，社区的农业服务体系能否支撑，农业科技水平能否支持这一发展方向，农业产前、产中、产后的公司与农业家庭经营是否形成合理的一体化经济关系。

2. 循环型工业

建设循环型工业，除了工业企业实施循环生产模式，应用清洁生产工艺之外，更要结合区域资源特点，打造循环型园区，尽可能形成适合广西企业、产业发展的资源循环利用模式。以工业企业为主的循环型产业，包括矿产利用循环工程、生态工业示范园区。广西工业发展循环经济的重点是在资源密集型工业的生态化方面，主要有以下几点：①从矿产资源开发开始，加强对铝、锰、锡、铅、锌等矿产资源开发的统筹规划，实现综合勘察、综合开发、综合利用。②加强对工业重点行业进行循环经济改造，构建产业循环经济生产链。广西在工业方面推行循环经济的重点，是制糖、冶金、电力、化工、建材、造纸和食品加工等。广西已有多家企业和项目被列入国家循环经济试点单位，如享誉全国的贵港糖业的生态工业示范园区。③通过工业企业的技术进步、管理改进，提高废水、废渣、废气的回收利用率，实现废弃物资源化与最低限度的排放。④按照循环经济的要求安排工业园区的布局与空间结构，实施企业相互利用排放物、共享资源、统一治污，搭建起多层次、具有领先技术支撑的循环经济框架。

工业企业推行循环经济生产方式的前提，就是改变广西企业规模小，生产联系散、企业分布乱的特点，因为这些特点很难避免技术落后、资源消耗高、“三废”排放量大的状态。在条件充分的基础上，鼓励企业建立循环经济联合体，推动产业循环式组合。开展重点产业园区能源循环化改造，实现土地集约使用、废物交换利用、能量梯级利用、废水循环利用和污染物集中处理。

为了实现能量梯级利用、资源高效循环利用，离不开构建和延伸工业各行业的产业链。通过工业产业链的延伸和耦合，对生产过程中产生的废渣、废水、废气、余热、余压等进行回收处理。要解决的问题有：上游企业与下游企业之间能否协调一致，产业改造的成本与经济收益对比是否有利，技术应用有什么问题（包括能否达到预期的循环利用效果，有何负面影响）。

3. 循环型服务业

服务业的企业抓好经营过程绿色化，其过程包括产品选择、物料选择、绿色包装、生态装修、清洁能源，循环利用废弃物有利于消除服务业的经营对周围环境的污染。要解决的问题有：如何打造绿色竞争机制，建立外部的生态管理规则，推广应用绿色技术的成本与收益对比。

建筑业是工业与服务业的跨部门产业，经营过程绿色化任务艰巨，还要注重建筑本身的循环经济效果，加强建筑物利用的循环环节。广西建筑业所占分量较大，本行业发展循环经济大有潜力。

交通运输与物流产业在广西占有重要地位，也是服务业中物耗较高的行业，很有必要按照“减量化、再利用、资源化”的要求来提高技术与管理水平。

旅游业、餐饮业降耗减排的潜力很大，需要推出专门的规划。

要在城乡建立健全废旧物回收、资源循环利用的商业服务系统。再生资源回收包括第二产业的原料再生工业生产与第三产业的再生资源回收的流通，后者不仅是产业建设问题，而且深入到社会日常生活。广西从南宁市开始试点，再到各地级市、县城、乡镇，逐步推广再生资源回收流通体系，包括分别为企事业单位与居民建立回收站、集散交易市场和再生产业基地，保障再生资源得到尽可能的回收流通和充分利用，实现“变废为宝”。

4. 循环型社会

建设循环型社会，要从企业等生产单位延伸到任何单位，从产业部门延伸到任何群体，各项工作体现循环经济的三项原则，降低资源的消耗与浪费。

建立与环保管理体系相结合的循环型再生资源利用体系。加强可回收物质资源的循环与回用。①重点放在这些废旧物品的回收利用上：废家电和废电脑、废旧汽车、废纸、废塑料、废橡胶、废金属包装物等方面。②近期内建立起固废交换管理信息平台，实现物资循环与信息交流。③建立城市垃圾处置系统，与建设循环型社区相结合，在试点社区推行垃圾分类收集。④构建再生资源回收替代网络，发展资源再生市场，建立废物回收利用系统与资源再生企业、资源再生市场的固定联系，提高经济效益。

建立循环经济信息系统和技术咨询服务体系。充分发挥行业协会、节能技术服务中心、清洁生产中心等中介机构和科研单位、大专院校的作用，及时向社会发布有关循环经济技术、管理和政策等方面的信息，开展信息咨询、技术推广、宣传培训等。

构建绿色交通体系，如绿色路灯照明。普及绿色建筑，如建筑垃圾深度回收利用，应用新型建筑材料，尝试实行集中供热等节能措施。

建设节约型校园（构建教材多次使用机制，构建自行车合作利用制度）、节约型餐饮旅馆、节约型政府（办公用品节约制度）。

5. 加强基础设施建设，促进资源循环利用

完成清洁生产技术开发推广系统。例如，广西清洁生产技术开发推广中心（由自治区科技厅牵头，选择一家区直科研机构参与），中心的主

要任务是就广西主要产业、重点企业的清洁生产关键技术进行研发，并负责相关技术的推广。条件成熟时可与相关科研机构联合，申报国家级清洁生产重点实验室。各市县应有相应机构，主要负责辖区内清洁生产技术的推广工作。

建立污染物排放交易中心。职能包括：规范主要污染物排放权制度，排污单位以排放许可证的形式，取得环保厅下达的主要污染物排放总量配额指标。以广西联合产权交易所有限责任公司（原南宁产权交易中心）为平台，建立广西污染物排放交易中心，排污单位等市场主体经自治区环保厅确认拥有的主要污染物排放可交易配额，以及经环保部门审批同意的建设项目需要获取向环境排放的排污配额，通过广西污染物排放权交易平台实行有偿交易。

三、低碳经济概论

1. 低碳经济的含义

低碳经济，从严格的定义来说，就是含碳元素燃料消耗量小的经济。几千年来，人类消耗的燃料主要来自木材、煤炭、石油这三大类由碳元素构成的自然资源。工业革命之前是木材，工业革命之后是煤炭、石油这两大化石能源。木材是可再生资源，取自树林，但在人类对其消耗的速度超过其再生速度的条件下，木材作为燃料，对地球上一种基本资源——森林与植被起到直接破坏作用，并危及其他三个基本资源：土地—土壤资源、水资源、物种资源。为此，工业革命实现煤炭、石油对木材的燃料替代，使世界在大规模燃料需求的条件下，挽救了森林和地球的基本资源。但是，这两大化石能源是不可再生资源，对它们的大规模使用使人类社会过度依赖于这样的不可再生资源，一旦资源耗竭，对人类社会的持续发展就将是毁灭性的打击。另外，过多使用煤炭、石油很难避免对大气层的污染，大气中的二氧化碳含量会急剧升高，科技水平提高也只能减少污染，但温室效应仍然会存在。只有对这三大燃料的使用都降低，才会有效地保护地球生态环境。

实现低碳经济涉及能源效率和清洁能源结构两大问题，目标是减缓气候变化和促进人类的可持续发展。其核心是在不影响经济和社会发展的前提下，通过能源技术创新和制度创新，最大限度地减少温室气体排放，从而减缓全球气候变化。时任国家主席的胡锦涛曾在联合国气候变化峰会上，明确提出中国应对气候变化“一揽子”措施，包括大力发展绿色经济，积极发展低碳经济和循环经济，研发和推广气候友好技术。

追求低碳经济是实施可持续发展战略的一个重要方面。在当前人类经济活动危机大气层的生态平衡、造成温室效应不断强化的情况下，保护生态环境的核心措施就是发展低碳能源和低碳能源技术。前者意味着发展替代性的非化石能源，如核能发电、风力发电、沼气应用、太阳能应用以及其他可再生能源的开发利用。后者意味着提高现有不可再生能源的使用效率，如天然气综合利用，煤炭资源的清洁利用、综合利用和循环发展，建立和推广整体煤气化联合循环发电系统（IGCC）。

2. 低碳经济的发展问题

低碳经济成为国际生态关系的聚焦点，是履行国际生态义务的直接领域。推行低碳经济将直接促进大气环境保护、缓解全球温室效应加剧的后果、缓解世界能源危机。为此，低碳经济成为世界各国联手推进的国际生态大事，它不仅有助于引发人类生产生活方式的改变，也将引发国际经济中的新的商机、利益关系与竞争机制。中国有可能成为重要的碳交易市场与低碳商品生产与出口基地。

发展低碳经济将逐步推动国民经济发生一系列重要的改观：其一，改变能源结构与能源消耗局面。所有有关发展新能源、提高能源使用效率的经济技术措施都要放到优先地位。其二，改变产品设计，所有制造产品、建筑产品、交通工具，都要向“节能”“换能”的要求看齐。其三，改变生活方式，以少耗能的生活方式来替代盲目追求“舒适、豪华”而导致多耗能的生活方式。

为推动低碳经济的实施，应有整套的新型政策措施出台，围绕着发展低碳能源和低碳能源技术实施一系列政策，包括对家庭与对企业的政策。对家庭的政策有：采用生态型产品标准（如对家用电器）、设立基金提供和贷款、扶助提供绿色住房服务、提供绿色消费补贴。对企业的政策有：低收费的节能服务、建立碳排放交易系统，将使用化石能源规模较大的企业纳入其中，促进企业为废气排放付费；对企业实施能源审计，安装智能计量表，建立能源标识、建筑节能绩效证书制度；设立基金资助企业获得采用节能减排设备投资所需的贷款；等等。这些都是我国科技领域应当重点鼓励的地方。

发展低碳经济还可以建立不同层次的“低碳经济试验区”，作为未来大规模低碳经济发展转型的试验基地。在城市生活小区建立低碳经济区，是将可以成为众多节能减排的措施集中于这个小生态社区中，切实有效地减少二氧化碳的排放量，像英国于 2002 年在位于伦敦南郊的贝丁顿建立的零（化石）能耗生态社区那样，实施以生物质燃料热电联产为小区实现集中供暖一类的措施，在保证不降低居民生活质量的前提下大幅度降低能耗。在工厂区建立低碳经济区，将大规模推行节能生产方式与实施循环经济措施相结合。

四、广西发展低碳经济的任务

低碳经济主要是能源利用层面的问题，核心是减少化石能源的消耗。对于广西拥有大量高耗能产业而能源供给不足的状况来说，能源的制约是长期性的。所以，转变能源使用方式是广西转变经济发展方式的突破点、带动点。从该领域入手，不仅能够直接带来资源节约、环境友好的重大效果，而且对广西经济发展中解决瓶颈、降低产业发展成本带来极大的好处。

1. 低碳型技术方式

将提高使用能源效率的生产技术方式作为企业技术改造、工业技术进步、固定资产更新改造投资的重点方向之一，大力推行节能技术。在节能技术上广西争取达到全国较先进水平，是广西缺煤少油的省情所决定的。为此，要加大对节能技术、高能耗替代产业的扶持，淘汰高耗能、高污染的产品，推广应用先进节能环保技术，提高能源生产效率，加强企业节能管理。实施节能减排项目，包括热电联产项目、城乡电网改造、电机系统节能、绿色照明、余热余压利用。

尽量采用低碳生产的技术方式，在工业园区，采取热电联产模式来降低能耗，集中供热，电厂的多余产能提供园区内其他企业供热。

推广有节能机制 EPC（合同与能源管理）。在节能公司与用户企业之间达成契约，节能公司通过合理途径帮用能企业实现节能目标，用能企业用节约下来的能源费用支付节能公司。这种模式有利于双方，有待推广应用。

2. 低碳型的能源结构

逐步进行低碳经济为目标的能源产业结构调整。大力发展再生能源，包括水电开发与新能源开发。在开发和利用新能源的同时，积极开发节能新技术，逐步降低煤炭消耗比例，形成多种能源相结合的能源结构。

广西的能源问题形成这样一个逻辑链：旱灾—水电不足—火电上升—耗煤—增加碳排放，导致广西火电比例难以下降，水电出力不足。这个链条表明，解决能源问题首先要考虑的是进一步发展更为稳定的水电能源，那就离不开建造以发电为主要目的，而不是以灌溉为主要目的的水库。

水电是广西主要的再生能源，广西长期重视水电能源开发，已建成龙滩等 9 座红水河梯级水电站，占规划开发建设梯级水电站数的 9/10。水能资源开发程度超过 80%，主要江河上具有开发经济性的大中型水电开发容量达到全区经济可开发容量的 85%左右。今后要深度开发水电，更多地转向因地制宜地发展中小型水电，加强对现有水电站的技术改造，提高水电装机的出电能力与调节能力。建造以发电为主的水库，就要更新思维方式，同时更新水库设计类型，充分增强水库调节降雨季节差别的能力。同时，对原有能源设备进行改进，提高常规能源的利用效率和效益，特别要注重调优水电与火电能源的结构。

以优化配置能源结构为目标，努力提高清洁能源和优质能源的比重，开发和利用太阳能、风能等新型能源。新能源产业是广西的生态型新兴战略产业，努力方向是建立起完备的新能源工业体系，增强自主研发能力，提高制造技术水平，开发高效率、低成本的新能源应用技术，降低新能源生产成本，解决新能源产业化、社会化生产中的成本制约，完善技术服务保障，引进和培养新能源产业方面的尖端人才，在管理体制上解决新能源接入电网的各种问题。推广地源热泵、太阳能建筑一体化等建筑节能新技术。

除了太阳能、风力发电等新能源要与全国同步发展之外，广西应发挥生物质能源这个本地的优势。沼气是生物质能源的初级形式，2010 年广西农村沼气入户率居全国首位。现在，仅仅将沼气作为开发解决农村生活用能的措施，将发展沼气生产列入农村发展循环经济的重点工程，还不能满足广西发展低碳经济与循环经济的需要。需要农村与城市在沼气产业方面开展互动，将农村的沼气应用经验推广到城市，城市依靠资金与科技优势提升沼气应用水平，再反馈可行的提升成果到农村，以城乡互动推进沼气生产与应用的社会化水平。政府要对这项工程安排更多的财力和技术投入，根据实际情况提高沼气生产的规模经济、集约度与技术水平。

最具发展潜力的生物质能源，是生物柴油与乙醇酒精。广西具有发展与东盟经贸关系的地缘优势，可通过发展与东盟国家的贸易，进口棕榈油来生产生物柴油。广西以木薯、甘蔗为原料生产酒精，具有原料生产的产业基础，可在不断提高生产技术、降低成本的前提下，扩大甘蔗、木薯淀粉生产乙醇酒精的能源生产。广西甘蔗产量占中国甘蔗产量约 65%，木薯产量占中国木薯产量逾 75%。发展这类生物质能源产业很具优势。广西成为全国第一个使用非粮车用燃料乙醇的省区。以石栗树为品种的生物柴油能源林建设工程、建成生物质发电厂都已起步。总之，生物质能源开发尚在探索阶段，有待大成气候。广西发展生物质能源优势天成，发展燃料乙醇、生物柴油、生物固体颗粒燃料、工业化沼气、生物质气化燃气等能源产品，开辟生物质发电的技术与产业化大有可为。

第二节　循环经济中的动脉产业与静脉产业

一、循环经济的两种类型

根据物质流向的不同，循环经济系统中的各产业可分为动脉产业和静脉产业两大类。动脉产业是从原料开采到产品设计、制造、运输，直到投向市场所涉及的产业，静脉产业是对产品的生产或消费中形成的废弃物加以收集运输、分类分解、资源化或最终处置的产业。静脉产业的任务是将废弃物转化成可重新利用的资源及将再生资源转变为产品。动脉产业本身不属于循环经济，但它可以采取循环经济业态，而静脉产业本身就属于循环经济的产业业态。

理论界往往将静脉产业的定义界定过宽。比如，将静脉产业界定为资源再生利用产业，界定为是以节约资源、保护环境为目的，运用先进的技术，将生产和消费过程中产生的废物转化为可重新利用的资源和产品，实现各类废物的再利用和资源化的产业，包括废物转化为再生资源及将再生资源加工为产品两个过程。实际上，如果废弃物在生产过程中就转化为资源与产品，等于在动脉产业中就完成循环过程了。静脉产业（Venous Industry）本身就是把废弃物排出后的回收、再资源化的运行形象地比喻为人体血液循环中的静脉。这一过程使生产、生活垃圾变废为宝、循环利用，如同将含有较多二氧化碳的血液送回心脏的静脉。然而，静脉承担的正是将消化之后的物质运输到体外，因而静脉产业处理的对象也是离开生产过程之后的生产、生活消费所产生的废弃物。

作为解决废弃物快速增长的一个主要途径，静脉产业将成为21世纪具有相当潜力的产业之一，可成为新的经济增长点，由此有利于解决中国现阶段的就业问题。

作为循环经济系统中的动脉产业，要在生产、流通本身的过程中就实现物质和能源的减量化、再利用及再循环，做到在生产和流通中物耗与能耗大大降低、废弃物排放大大减少。动脉产业中采用的循环经济技术主要针对工业固体废物综合利用，包括：有色金属冶炼企业借助新技术提高含银、铟、铋等有色金属尾矿的综合回收；建材生产企业大量利用尾矿渣、粉煤灰、冶炼炉渣、窑炉废渣等为原料掺烧水泥和生产新型墙体材料；发电企业利用石煤、煤矸石、煤泥等低热值燃料生产电力；制糖行业推广制糖—蔗渣造纸或替代燃煤、制糖滤泥制复合肥等循环产业链，这些都体现着“3R”原则。如果没有这些，社会生产中原有的动脉产业不变，但这就是传统发展模式的产业，是非循环经济的产业，是粗放式增长中的动脉产业，它在重化工业中就必然是“三高”（高能耗、高物耗、高污染）产业。

静脉产业是在产品进入消费过程之后发生的，它本身就体现着循环经济的要求。即使没有循环经济概念，也会有起码的静脉产业，单纯的市场经济原则也会驱动人们从事一些废弃物的再生利用。但是，不提倡循环经济之时，静脉产业是落后的、零散的、边缘化的产业。提倡循环经济，不是为了建立静脉产业，而是提升与大力发展静脉产业，从根本上改变静脉产业的地位和技术档次。

国家环境保护总局对静脉产业做了这样的描述：静脉产业（资源再生利用产业）是以保障环境安全为前提，以节约资源、保护环境为目的，运用先进的技术，将生产和消费过程中产生的废物转化为可重新利用的资源和产品，实现各类废物的再利用和资源化的产业，包括废物转化为再生资源及将再生资源加工为产品两个过程。实际上，处在生产过程中的废物要由动脉产业自己来重新利用，只有脱离生产过程之后，才由静脉产业来承担其再生利用。

由此，我们认为，静脉产业是动脉产业的承接和逆向转化。循环经济由循环化的动脉产业与上水平的静脉产业两方面共同构成。当前，动脉产业推行循环经济原则的进程在大步向前，相比之下，静脉产业的发展显得乏力，需要投入更多的力量来发展。相比起来，动脉产业循环化体现在技术水平提升上，没有人们的认识障碍，而静脉产业的规模化发展，除了技术变革，还要人们的观念与生活方式的更新，涉及面更大，成效更难以快速取得。

二、静脉产业的定位

1. 静脉产业的发展动因

首先来源于资源环境压力，其次是整个社会经济需要物质循环利用的长远考虑。

实践证明，生产过程和消费过程都会导致大量垃圾的产生。在聚集了大量人口和生产活动的城市，这种由发展而带来的环境极化效应尤其突出。

2013 年，全国 261 个大中城市一般工业固体废物产生量达 23830.23 万吨，其中综合利用量 146535.66 万吨（占比为 61.79%），处置量 70815.70 万吨，贮存量 19744.98 万吨，倾倒丢弃量 57.85 万吨。同期同范围城市生活垃圾产生量为 16148.81 万吨，处置量 15730.65 万吨，处置率为 97.41%。

巨大的垃圾产生量和低下的利用率对资源环境构成了极大的威胁和挑战，成为制约我国社会经济发展的极大障碍。一方面，垃圾严重污染土壤、水体和大气，对环境造成极大的污染和破坏；另一方面，垃圾堆存和处置不当会侵占大量土地，造成极大的资源浪费。

我国在经历多年经济高速发展之后，资源约束越来越厉害。垃圾中含有丰富的资源，将垃圾回收利用，充分开发利用垃圾这个“城市矿山”，生产再生资源，达到资源利用效率最大化，是解决我国经济发展和资源短缺之间矛盾的有效手段。

2. 消费后循环的主要场合

静脉产业的作用对象主要有四个：生产废弃物，废旧商品，人与畜禽的粪便、其他生活废弃物。其中，生产废弃物可以通过动脉产业消化一大部分，其余的要靠静脉产业来对付。因而，静脉产业发生的主要场合相应如下：

（1）对生产过程的废弃物的资源化利用。如粉煤灰、煤矸石、冶金和化工废渣及尾矿等工业废物，作为其他产品的原料加以综合利用。

（2）由消费品转化成的废旧物品，如废纸、废旧金属、废旧轮胎、废弃电子产品、废弃电器、废汽车、废机械、废电线电缆等，都可作为再生资源回收利用。经过回收、拆解、加工、利用，重点获取铜、铝、钢、塑料、玻璃等，变废为宝，提高资源利用率。这项静脉工程称为“城市矿山”。其过程包括站点回收、分拣加工、运输、交易、配送、企业拆解、专业加工、精深加工、出售，形成循环经济体系。

（3）生活垃圾和污泥资源化利用。餐厨废弃物的回收，部分成为工业用油脂、生物柴油，部分成为有机肥的原料。如果仔细挑选，部分可以成为家畜的饲料。这种回收很麻烦，但建成这一回收体系，可以杜绝餐饮污染，从源头上断绝地沟油危害食品安全，又能变废为宝。

（4）生活消费品存在空白的领域。最典型的是废旧纺织品的利用，这一领域尚在空白之中。过去，有出售旧衣服、旧被子毯子的市场，随着人民生活水平提高以及卫生意识的增强，这类废旧商品基本无人问津。除部分完好的衣装经过清洗送给贫困地区之外，都当作无法利用的垃圾丢弃。对于这些废弃的生活消费品要运用智慧利用起来，可以考虑作为工业用品的原料。

3. 静脉产业的正确定位

民间一直把静脉产业称为“垃圾产业”与“废旧产业”，事出有因。长期以来，“垃圾”与“废旧品”是城市生活的两种废弃物，处理途径不同。垃圾处理被当成城市环保事业的一部分，由财政负担，以保证城市没有垃圾堆积、市容不受损害为目的。而废旧品回收工作一直被认为是“下等”工作，叫他们是“收破烂的”。从事这项工作的一般是农民和社会底层人员，而废品收购厂也被排斥在城市的城乡接合部，全是一些没有正规经营的“黑窝点”，不仅没有能力把废品进行分类回收，还造成垃圾的二次污染。在城市垃圾之上附着更零散的“拾荒人”将垃圾中的废旧品收集起来。废旧品收购作为城市边缘化的产业，依靠残存的市场机制生存，在部分城市居民残存的节约意识之下，给个体的废旧收购者以一席谋生之地。随着年青一代大手大脚的消费习惯日趋占上风，废旧品不断被当成垃圾丢掉，“废旧产业”在萎缩，“垃圾产业”在膨胀。这是我们生活中一个严重的反生态化现象，与建设节约型社会背道而驰。由此，废旧收购者的谋生之所在缩小，而“拾荒人”的谋生空间在扩大，但随着小康建设的推进，又有谁愿意当“拾荒人”?

其实，“垃圾产业”与“废旧产业”都应当作为节约型社会重要的静脉产业。垃圾处理除了承担保护环境的职责之外，更重要的是起到资源循环利用的职责。部分垃圾是可回收加工的再生工业原料，部分垃圾是化学处理后的有机肥料，只有两大用途都没有的垃圾，才最后做无害化处理。因此，处理城市垃圾这项静脉产业，应当具有财政负担与经济收益双重性，具有保护环境与资源循环利用两方面作用。而且，只有资源利用的作用发挥了，环境保护的作用才能真正实现。而“废旧产业”是循环经济的重要部分，尽管可以留给市场来处理，但政府应给予扶持与整合。

作为静脉产业的垃圾处理是一项全社会的工程，政府起引领作用，环保单位要转型，在条件成熟时，成为“获得财政定额补贴的经营性企业”（就保护环境的作用给予财政补贴，按照保护范围与难度核定补贴数额；就其资源利用的作用赋予经营权限，根据其垄断性市场的业绩取得收入）。城市居民要培养垃圾分类的习惯，使垃圾回收成为可能。社区积极配合，使废弃物的回收体系很好地建立起来。对再生品的生产要有优惠政策。舆论宣传要充分阐明这项静脉产业蕴藏的巨大财富以及广阔的发展前景，增强居民的节约资源和环境保护意识。

三、国外发展静脉产业的借鉴

1. 几个发达国家的静脉产业发展概况

自20世纪80年代以来，西方发达国家在可持续发展的指导下逐渐将循环经济理念贯彻到经济发展过程中，将“开采—产品—废弃”的“线性经济”逐步改造成“开采—产品—废弃—再生产品”的循环经济，降低了经济活动对自然资源和环境的影响，静脉产业也因此成为全球发展最快的朝阳产业。到2000年，欧盟、北美、日本和澳大利亚的主要物资总消耗中，再生资源已经占有相当高的比例：玻璃26%、橡胶28%、纸张35%、钢45%、塑料50%。

2003年，美国城镇产生的废弃物为5.5亿吨，回收利用率达到40%。在各种废弃物回收利用率中，纸张为42%，软饮料塑料瓶为40%，铁制包装为57%。2004年静脉产业（垃圾产业）创造了2360亿美元的毛利润，这相当于上一年全美汽车工业产值，而且提供了几十万个就业机会。德国于1996年通过了世界第一部全国性的《循环经济和废物管理法》，它成为德国建设循环型社会的总纲性专项法律，是静脉产业法律体系的中心，其强调生产者的责任和意识，要求生产者对其产品的整个生命周期负责，规定废弃物的管理原则是：避免产生、循环使用、最终处置。在这一法律框架下，不同的行业有不同的循环经济法规，如《饮料包装押金规定》《废旧汽车处理规定》《废旧电池处理规定》《废木料处理办法》等。

静脉产业在德国已成为一个重要的产业，每年有约410亿欧元的营业额，并可创造20多万个就业机会。

日本由于自身资源匮乏，对循环经济以及静脉产业的研究和实践先于其他国家，代表了世界静脉产业发展的最高水平。日本于2000年仅回收和再资源化事业一项的产值就高达21兆日元，创造了57万个就业机会。在综合性的基础法规方面，日本建立了如《公害对策基本法》《促进资源有效利用法》《环境基本法》《推进循环型社会形成基本法》等法规；在专项法律法规方面，建立了如《容器包装物循环利用法》《家电再生利用法》《建筑材料再生利用法》《食品再生利用法》《汽车再生利用法》等7部专项法。通过这些法律建设，日本废弃物回收率大大提高。以制造业再商品化为例，2012年，日本家用空调再商品化率为91%、显像管电视再商品化率为82%、液晶和等离子电视再商品化率为87%、冰柜和冰箱再商品化率为80%、洗衣机和干燥机再商品化率为86%，均超过法定标准。在日本，把生活垃圾转换成家畜饲料、有机肥料成为静脉产业主要的场合，且为越来越多的日本企业提供了新的商机。加茨公司和日本生态农业等公司通过合同方式把食品废弃物排放者，如城市中的食品加工厂、食品店、饭店、超市等，与清洁公司和农户等饲料、肥料使用者联系在一起，组成食品资源循环利用网和生态社区，取得可观的效益。与此同时，专供家庭用的生活垃圾处理器也应运而生，并成为畅销商品。还有一些日本公司在开发把生活垃圾转换为甲烷的技术。用这种方法制取的氢气，可以作为燃料电池的燃料。对旧物调剂和资源回收的产业被称为社会静脉产业。

2. 发达国家发展静脉产业的若干经验

（1）完备的立法和严格的执行。建立多层次、多方面法律法规体系对静脉产业进行规划，明确国家、地方政府、企业、居民的责任和义务，并规范了他们的行为。

法是根本保障。德、日在发展静脉产业，构建循环型社会方面的立法都处在世界的先进行列。其中，日本的立法采取了基本法统率综合法和专门法的模式，其基本法律体系分为三个层次：首先是基本法层面，包括《环境基本法》和《循环型社会形成推进基本法》；其次是综合法层面，包括《固体废弃物处理和公共清洁法》和《资源有效利用促进法》；最后是各种专项法层面，如《容器包装分类回收及再生利用促进法》《特定家用电器再生利用法》等。

（2）重视技术研发与投入，提高废弃物再利用率，降低二次污染率。日本已形成政府、科研机构、企业共同合作的技术研发模式，共同研发先进的废弃物处理技术、废弃物再利用技术和环境污染控制技术。日本将生态工业园区作为进行静脉产业技术试验研究的主要场所。为了促进新技术的研发与投入，实行国家预算补贴政策，国会每年通过的与环境保护有关的预算超过 10000 万亿日元，其中用于废弃物处理和循环再利用的预算则超过 1500 亿日元，很多资金都补助给创造或引进新的废弃物再资源化或先导性能源设备的企业。同时，为从事循环经济研发、设备投资、工艺改造和再商品化的企业提供低息融资政策和优惠税收政策。

（3）政策体系。由于正常的市场机制不能很好地反映自然资源的价值，所以为促进静脉产业的发展，德国和日本都制定了相应的优惠政策。日本方面制定的主要政策有：①税收优惠政策，如对废旧塑料制品类再生处理设备在使用年度内除普遍退税外，还按取得价格的 14%进行特别退税；企业设置资源回收系统，由非营利性的金融机构提供中长期优惠利率贷款。②价格优惠政策，如规定废旧物资要实行商品化收费，即废弃者应该支付与废旧家电收集、再商品化等有关的费用。③生态工业园区补偿金制度，国家对入园企业给予初步建设经费总额 1/3~1/2 的经费补助，地方政府也有一定的补贴。④政府奖励政策。日本设立资源回收奖，旨在提高市民参与回收有用废弃物的积极性。德国方面制定的主要政策有：①垃圾收费政策，和日本的废旧物资商品化收费政策相仿，欧洲许多国家都采用了垃圾收费政策。②押金返还制度。在德国的《软料容器实施强制押金制度》和《包装条例》中都对此有所规定。③生态税，对那些使用了对环境有害的材料和消耗了不可再生资源的产品另加的一种税。

（4）社会回收组织（公司）。德国的双向系统（Duales System Deutschland，DSD）拥有专用商标——“绿点”（Der Gruene Punkt），故也被称为绿点公司。该公司是一家主要负责管理全国包装废物回收再利用的非营利民间组织，还负责社区黄色垃圾箱和垃圾袋中垃圾的收集、分类、回收和再利用，处理费用由获得“绿点”标志认证的企业或销售商支付。德国的WEEE（废旧电子电器）回收处理行业也有很多社会上的公司，如RDE公司，该公司主要从事WEEE的拆解、分类和破碎等工序。日本这方面的典型成功案例少些，但也有一些民间团体在获得有关部门的许可并得到一定的资助后进行资源回收活动。

（5）绿色采购。日本通过政府的绿色采购来启动和引导市场需求。2001年4月《绿色采购法》实施后，日本国家机关和地方政府等单位就承担了优先购买环境友好型产品的义务。所谓环境友好型产品，就是在产品设计时就能够回收或再利用。该法案规定中央政府所属机构均须制订和实施年度绿色采购计划，并向环境部长提供报告，地方政府也要尽可能制定和实施年度绿色采购计划。这不仅促使了环境产业产品在政府购买中占据主导地位，对公众的绿色消费意识也起到示范作用，为静脉产业创造了巨大的市场需求。截至2005年底，日本已有83%的公共和私人组织实施了绿色采购。

1979年，德国开始推行环境标志制度，规定政府机构优先采购带有环境标志的产品，1994年通过的《循环经济法》要求政府采购和使用环境友好型产品和服务。自日、德实施政府绿色采购以来，世界各国纷纷响应，政府绿色采购迅速发展，截至2005年底，已有50多个国家实施了绿色采购。

（6）生命周期评价（Life Cycle Assessment，LCA）。生命周期评价是一种面向产品系统的环境管理工具，对在一个产品及包装物、生产工艺、原材料、能源或其他某种人类活动行为的全过程，包括原材料的采集、加工、生产、包装、运输、消费和回收以及处理等，进行资源和环境影响的分析与评价。其主要特点为：全过程评价、系统性与量化、注重产品的环境影响。

美国环保局对最初从地球中获得原材料开始，到最终所有的残留物质返归地球结束的任何一种产品或人类活动所带来的污染物排放及其环境影响进行估测，全面地审视一种工艺或产品“从摇篮到坟墓”的整个生命周期有关的环境后果。在从制造到加工、处理乃至最终作为残留有害废物处置的全过程中，检查如何减少或消除废物的方法，显示产品制造商对其产品从设计到处置的全过程中所造成的环境负荷承担责任的态度，是保证环境确实而不是虚假地得到改善的定量方法。对在一个产品系统的生命中输入、输出及其潜在环境影响的分析与评价。

（7）为环境而设计（Design for Environment，DEF）。DEF 是一种产品设计的新理念，美国环保局（EPA）在 20 世纪 90 年代首先提出为环境而设计计划，其目的是帮助企业尤其是小企业在设计和重新设计产品和工艺时更多地考虑环境，使产品的经济效益与环境效益达到最佳的结合。为环境而设计项目通过利益相关人之间的合作，使人们自觉地改善和保护环境。为环境而设计产品减少了与该产品生产、使用、回收、处置有关的健康、安全、环境方面的危害。

（8）延伸生产者责任政策。延伸生产者责任政策开始于 1991 年的《德国包装材料条例》，要求包装材料生产者负责处理包装废弃物。Lindhqvist 在 1992 年提出了延伸生产者责任的定义：为了实现降低产品的总体环境影响这一环境目标，要求产品的生产制造者对产品的整个生命周期，特别是产品使用寿命终结后产品的回收、循环利用和最终处理承担责任（邓南圣等，2002）。延伸生产者责任是循环经济的一种实施方法，也是一种环境保护原则，它促使生产者在产品设计和材料选择时考虑更多的环境因素，降低产品生命周期各个阶段的资源消耗和对环境的排放，从而达到降低产品总体环境影响的目标。延伸生产者责任政策的最终目的是通过开发环境友好产品和产品的回收利用达到可持续发展。

（9）环境教育。环境教育对于德、日静脉产业的发展起着重要的作用。通过加强对学校、企业、社会各个层次多渠道的教育，消费者的绿色消费意识和企业的环境意识都得到了明显提高。德国和日本为本国静脉产业的发展打下了良好的公众基础。企业的生存依赖消费者，在有经济利益的前提下，消费者的取向即可带动企业环境意识的提高。

四、广西动脉产业的循环经济业态

广西工业企业在发展循环经济当中，依据自身的生产特点，发挥创造性，提出了以下几种循环经济模式。

1. 通过生产过程耦合达到资源综合利用

通过生产流程再造或技术改造，使企业内部各生产环节有机衔接；通过产业链耦合，把一个产业的废弃物变成另一个产业的原料，减少生产环节或生产过程，降低资源能源消耗，提高资源利用效率。这种模式既解决了生产过程中废弃物的出路，又开拓了原料的新来源。贺州华润循环经济工程（华润水泥、华润电力、华润啤酒组成）就是其典型的示范工程。

2. 通过企业之间构建生产联系达到资源共享

通过企业集群化和产业园区化，立足原油原料，按照产业生态链的要求配置园区相关产业，开展资源综合利用，延伸产业链，拓展资源网，加强中间产品和技术环节的合作，形成闭环型资源利用格局，实施物流、能流、技术集成以及基础设施共享、信息共享、管理平台共享，污染物集中处理。田东石化循环经济工程、钦州石化产业循环经济工程就是其典型的示范工程。

3. 通过对没有退出生产过程的机器设备再制造达到资源高效利用

没有退出生产过程的机器设备，一般就是机电产品，容易因或大或小的问题影响原有的使用功能，需要进行专业化修复或升级改造。当代企业的资产管理形成了一个急于更新的习惯，如果反其道而行之，努力使其恢复至新产品或高于新产品的质量和性能，建立这样的批量化制造过程，实现旧机械设备回收利用，面对机电产品报废规模日益增大的现状很有意义。玉柴机器股份有限公司再制造循环经济工程就是其典型示范工程。

4. 通过企业升级型技术改造提升自身生产当中的节能节材水平

产品生产中要有较高的节能节材水平，需要购置资源高效利用的先进设备。企业通过升级改造，引进循环经济技术装备，提高生产工艺，整合产业链，提高物质和能量的利用率。将生产设备向现代化、大型化、连续化方向发展，就能实现预订的节能节材目标。建设柳州钢铁与柳化股份改造升级循环经济工程就是其典型示范工程。

5. 通过拓宽产业链条多种相关产品得到开发来提高资源利用效率

一业为主，多种相关产品生产共同构成关联产业链，主产品由初加工向深加工转变，综合利用原来的副产品、废弃物，提高产品附加值，开发新产品，拓宽产业链条，提高资源利用效率，实现工业污染防治由末端治理向生产全过程转变。贵港贵糖与崇左东亚糖业有限公司蔗糖循环综合利用就是其典型示范工程。糖厂生产蔗糖与多种深加工糖品、造纸原料、燃料发电、用废蜜生产酵母，滤泥和废液做复合肥。再如，燕京啤酒（桂林漓泉）多种副产品综合利用，污泥硅藻土烘干做燃料，糖化麦糟和发酵废酵母外卖做饲料，厌氧污泥外卖做有机肥，锅炉煤渣外卖制砖，残碱回收利用。

6. 通过增加生产内容使固体废弃物综合利用

在冶金和矿产资源开发行业，开发固体废弃物（各类矿渣）中的有用成分，综合利用共生矿，以资源化方式治理“三废”。河池南方有色冶炼优先责任公司与鹿寨磷化工废料再利用工程就是典型示范工程。火电厂的粉煤灰用来生产水泥等建材，以及用于土壤改良、矿井回填等。

上述企业内的循环经济能否以其经济效益来抵偿经济成本，会有多种情况，但至少能够有生态效益，并没有令人厌烦的交易成本。而消费过程中的循环经济就不同了。下面介绍跨越农工商一体化的循环经济模式。

7. 跨越农工商一体化的循环经济模式

以北海东园家酒循环经济为典型示范工程，集生态农业循环型工业与服务业该模式于一体，跨产业、跨领域（生产、生活）。在示范园中，用大米和药材做酒，造酒生产的下脚料以及自产的牧草用于生产畜禽鱼等，畜禽粪便生产沼气，沼气发电供应酒厂，沼气渣与鱼塘塘泥生产有机肥，用有机肥生产牧草、果树和无公害蔬菜，用生产的农产品供应市场和公司所属的东园饭店，用餐厨废弃物生产沼气或有机肥，进入下一轮循环。

所有这些，都是要建立规模逐步增大的无害于环境保护与不加剧资源耗竭的工业。其效果是“三废”排放不断降低，产业自身物质能量循环利用不断拓展，节能降耗水平不断提升。

五、广西静脉产业发展：问题与对策

（一）问题分析

广西静脉产业发展存在以下需要解决的问题。

1. 已有的成就没有系统化

广西在静脉产业的技术支撑上已有一系列成就，如农业废弃物资源化和再利用领域的植物秸秆综合利用技术、秸秆还田、微生物技术、农业废弃物循环利用技术；在工业废弃物资源化和再利用领域，化工企业的磷酸、磷铵、氟化铝装置废水、废稀硫酸等回收循环利用技术、硫铁矿渣的资源回收利用技术、磷石膏渣回收利用技术、发动机及其零部件再制造技术、废旧轮胎循环利用技术等。

上述静脉产业生产力方面的成绩，主要是“可汇报、可列举”的成绩，对改变整个产业面貌远远不够。例如，循环型生态工业园区还不是完成系统，没有形成规范化的分类回收和循环利用体系，废弃物回收和再利用企业普遍存在经营规模小、资源回收利用率低、技术水平不高等问题，循环农业示范还停留在示范水平上，覆盖面不宽等。

静脉产业的技术要根据循环经济的具体目标系统化。以废旧物、垃圾的区域性、物理性大类为对象，建成系统的链条完整的行业。

2. 尚未按现代标准建立以城市为单元的完整的静脉产业

2007 年，南宁市成为全国首批再生资源回收体系建设试点城市。其目标是推进城市固体废弃物综合利用型循环经济工程，包括城市生活垃圾处理设施建设。它要与“城乡清洁工程”的实施结合起来，力争实现污水、垃圾全收集、全处理。建造生活垃圾无害化处理场，提高无害化处理能力与生活垃圾无害化处理率。该目标本身是否合理尚待商议，更重要的是多年来这一再生资源回收体系建设拿不出更好的成就。而随着人口增加与生活水平提高，人们消耗的用品越来越多，生活垃圾量也随之增加，达标也越来越困难。

广西已在南宁市、梧州市开展了再生工业起步，对工业产品废弃物（车船、轮胎、家用电器、电子用具）进行再利用。一些城市开展了餐厨废弃物资源化利用和无害化处理试点工程，并被确定为国家级试点。在城镇污水处理和垃圾无害化处理方面，城镇生活污水日处理能力达到 310 吨，处理率为 60.6%，垃圾无害化日处理 1.35 万吨，处理率为 61.2%。但是，无害化处理只是对环境保护起作用，对资源利用没有作用。大部分城市垃圾甚至连完全的无害化处理也未达到。日复一日的垃圾填埋不仅给土地利用带来沉重的负荷，也留下了长期污染的隐患。

3. 废弃物的回收问题

废弃物的有效回收是发展静脉产业的关键。研究表明，对废弃物的有效分类有利于提高资源化率，废弃物的分类每增加一种，资源化率可提高 2.1%。广西大多数城市的废弃物回收基本处于自发状态，分类体系不健全、垃圾分类回收未有效展开，造成废弃物搜集、分类困难。许多回收人员是自发、松散的无组织废弃物回收者，缺乏统一的管理和规范，他们只限于个人利益，“大利大干、小利小干、无利不干”，不仅许多可回收利用的品种，如废塑料、废橡胶、玻璃等，未得到有效的分类回收和利用，还存在影响城市环境卫生和城市形象、擅自收购、处理剧毒物品造成人员伤亡、违法收购或盗取生产设备和城市公用设施、造成“二次污染”等一系列问题。

4. 以城市废弃物回收利用为主要内容的静脉产业需要标准化、规模化、集聚化

广西要建立这样的产业要有决心。从现状来看，广西静脉产业发展的产业政策和法律保障体系很不完善，行业转入门槛低、资格认证体系不健全。由于废品回收行业的进入门槛低，且缺乏有效的管理和规范，大量规模小、经营分散的民营企业进入该行业，因受到经济规模和技术条件的限制，大多数废弃物回收加工企业处于微利或者无利的状况。废弃物回收利用企业经营规模小、工艺技术落后、融资困难。大多数企业都是规模不足 50 人的小企业，缺乏规模效益，产品的质量差、工艺落后、标准化低，难以满足城市循环经济发展的需求。

（二）对策建议

在借鉴国外发展静脉产业先进经验的基础上，分析广西发展静脉产业的现状，提出广西静脉产业发展的对策。

1. 政府要更有作为

各级政府应充分认识到广西的静脉产业处于落后水平，由此导致整个社会的循环经济水平受到很大的影响，并且不会因为生产领域中的循环型产业发展而得到改变。因此，要改变静脉产业的落后状态，只有根据国内外先进标准，来制定静脉产业发展相关规划，对原有废弃物回收行业进行整顿和规范，在各地区市场驱动下自发形成的原废弃物回收渠道基础上，将废弃物回收行业提升为静脉产业系统，制定行业标准并对其进行规范管理，并为静脉产业发展提供制度、政策、资金和组织保障。

为构建循环型城市、培育循环型经济示范区，须从生产力与生产关系两方面努力发展静脉产业。静脉产业发展的主要方向在于克服产业规模小、经济效益低、吸引力不足的缺陷，设计出三类标准：一是技术与经营规范标准，二是规模与自然垄断性标准，三是集聚化标准。具体对策为：①通过产业整合扩大静脉产业企业主体的规模，培养具有影响力的静脉产业集团，发挥企业规模经济效益。②原有出台了一系列优惠政策，用于鼓励和扶持废弃物回收行业的发展，这些政策效果要到位，不到位还需调整。所谓到位，就是充分顾及静脉产业自身存在的特殊性，满足其中那些投资巨大、建设周期长、资金回笼缓慢的项目资金需求，促进投资资金足够地流入该行业，解决企业存在的融资困难。

工业回收类的静脉产业需要发挥产业集聚经济效应，降低企业的运输成本，减少废弃物拆解、加工过程中对环境产生的危害，提高资源的再利用效率。发挥产业的聚集经济效应。可以采取产业园区和生态工业园区的空间发展模式，建立不同类型的生态工业园区，按照废物回收、拆解利用和无害无处理三大系统，将分散的企业逐步向园区集中，提高静脉产业的集中度。

2. 围绕静脉产业的发展，提高全社会的资源和环境意识

静脉产业的发展不可能在传统的市场经济制度下自发产生，它是社会推动、政府担当、企业响应、民众配合的产物。与其他产业相比，静脉产业的发展既要以市场经济为基础，又更加需要政府的调控与干预。要建立政府、中介、企业和公众共同参与的运行机制，自上而下推动、自下而上促进静脉产业发展。政府部门制定相关的法律法规和政策促进静脉产业发展，并率先使用再生产品，引导企业、国民使用再生产品；中介是连接政府、企业和公众之间的桥梁，在信息咨询、技术培训和指导等方面发挥重要作用；企业利用自身人才和技术优势，自主、自觉、自发地参与到循环经济中来，是减少废弃物产生、创新和使用新技术的主体；居民则在日常生活中养成参与资源回收利用的好习惯，自觉使用

对环境污染较少的产品并广泛接受再生产品。

在广播电视、报纸、杂志、互联网等新闻媒介开展的环保意识教育中，增加再生资源回收利用方面的教育内容，联系静脉产业对各级领导干部、政府及企业管理人员开展循环经济培训，普及循环经济知识，树立社会循环经济理念，改变人们陈旧的观念。加强全社会各个方面对环保意识和静脉产业认识，引导各方面积极协作和配合，形成全社会的废弃物回收利用体系。

3. 激励企业进行再生资源技术研发和应用，鼓励市场使用更多的再生资源

再生资源的回收、加工、利用的技术具有非常强的专业性，静脉产业的发展离不开相应的高新技术。对于这类技术，一要应用，在应用中有模仿创新。积极主动学习发达国家和地区发展静脉产业的先进经验和技术，并结合自身发展需求引进、消化、吸收和再创新其关键技术和装备，加快成熟适用先进技术工艺和装备的推广应用。二要研发，建立以企业技术创新为核心、高等院校和科研机构为依托的研究体系，共同研究解决在减量化、资源化、再利用、资源替代、共生链接和系统集成等方面的技术问题。以企业为核心，更能坚持技术创新的市场导向，迅速实现创新成果的产业化应用。

为支持静脉产业的技术应用与研发，要注重这类产业技术服务中心、情报中心、技术市场等中介服务机构建设。政府要从法规政策上支持鼓励产学研一体化的机制形成与组织建设。要注重静脉产业的应用型科技人才的培养与专业集成。

4. 完善与落实相关法律法规

完善再生资源管理的基本法规，使再生资源回收利用业的发展在实际操作中能够依法管理。这些法律法规所针对的行为，看似对社会没什么危害，经常不被认真落实。在认真贯彻落实国家关于静脉产业方面的法律法规，如《再生资源回收管理办法》《循环经济促进法》《关于再生资

源增值税政策的通知》等的基础上，结合广西实际情况制定出符合广西社会经济发展特点的具体规章制度，明确国家、地方政府、企业、居民的责任和义务，大力推行废弃物回收、处理法制化。制定餐厨废弃物回收处理管理办法、容器包装再生利用、家电再生利用等配套政策法规，制定废弃物回收标准、行业准入制度、管理监督制度、处罚制度等。建立完善节能、节水、资源综合利用产品标准和循环经济统计指标体系等，将再生资源全过程的各个环节以及各环节相关方面的工作、责任和义务进行明确规定。

5. 加强政策支持

静脉产业所提供的产品具有部分公共产品的性质，带有明显的外部性和公益性，通过政策引导逐步建立起有利于静脉产业发展的体制和政策环境。在财政政策方面，建立和扩大再生资源财政援助和专项基金，利用政府采购、财政直接投资、新产品开发和费用补贴等多种形式支持再生企业发展；在税收政策方面，应分别在静脉产业产品的生产环节、流通环节、分配环节和消费环节予以税收优惠政策，并加大对高新技术、环保技术、节能技术和人力资源的开发的支持力度，突出税收优惠的导向作用；在金融政策方面，对从事符合国家产业政策的节能、节水、节地、节材、资源综合利用等项目的企业，金融机构应当给予优先贷款或其他放宽贷款限制等信贷支持，并积极提供配套的金融服务。

6. 推进经济合作

与全国再生资源回收利用的相关企业开展投资合作或技术合作，创造条件和能力引进、采用或者研发新技术、新工艺、新设备，推广关键技术与装备为动力的循环型科技的研发与应用。

第三节 有机肥生产：静脉产业与生态农业的结合

发展生态农业和创造良好的生态环境，两者在有机肥的生产及推广应用上高度统一。遵循生态规律，创造良好的生态环境是生产绿色食品必不可少的条件。生态农业具有综合经营和农业资源多重利用的特点，能够避免以致消除恶性循环，消除污染，促进良性循环，获得良好的经济、环境和社会效益。有机物质循环贯穿整个生态农业。

一、有机肥概论

1. 种类

肥料可分为无机肥料和有机肥料。有机肥料由天然有机质经微生物分解或发酵而成，在中国又被称为农家肥。其特点是：养分全，富含有机质和各种营养元素，含量低；肥效迟而长，须经微生物分解转化后才能为植物所吸收；改土培肥效果好。常用的肥料品种有绿肥、人粪尿、厩肥、堆肥、沤肥、沼气肥和废弃物肥料等。

历史上，有机肥只有传统农家肥，包括沤制的绿肥、人粪尿、畜禽粪便、生活垃圾、农业废弃物形成的堆肥。例如，厩肥，由家畜粪尿和垫圈材料（秸秆、杂草、落叶、泥炭和干土等）、饲料残茬混合堆积并经微生物作用而成的肥料；堆肥，将植物茎叶、垃圾掺土堆积制成；沤肥，作物茎秆、绿肥、杂草等植物性物质与河、塘泥及人粪尿同置于积水坑中，经微生物厌氧呼吸发酵而成的肥料；等等。

2. 历史演变

上述肥料曾经是中国传统农业的优点。中国农民积制和使用有机肥料有悠久历史和丰富经验。在漫长岁月中，中国农业生产一直靠有机肥料保证丰产，养育了我们的祖辈，客观上还不断维持着城乡环境的清洁。

科技进入农业生产后，出现了科技改良后的农家肥，传统的堆肥加入生物菌剂快速变成高效生物有机肥料，制作简便、成本低廉。在农村房前屋后、闲置宅院、田间地头，四季都可露天制作，无须运输，就地制作、就地使用，是广大农民不用花钱购买的肥料。我国已有 RW 酵素剂、RW 促腐剂、秸秆（还田）快速腐熟剂、功能性菌剂等系列产品，发酵菌剂能够对畜禽粪便、农作物秸秆进行快速、高效分解，在短时间内达到升温、除臭、无害化处理的目的，功能性菌剂既能解磷、解钾、固氮，又能达到治疗、防止病虫害的多重效果。此外，就是沼气肥，作物秸秆、青草和人粪尿等在沼气池中经微生物发酵制取沼气后的残留物，富含有机质和必需的营养元素。沼气肥分为沼气水肥与渣肥。沼气发酵慢，有机质消耗较少，氮、磷、钾损失少。

然而，即使有科技改良的农家肥，许多农民还是嫌其积制和使用不方便，想远离人畜禽粪便、垃圾等脏、烂、臭的物质，因其中含有许多病原微生物。因而有机肥料逐步退出农业生产而被化肥这些非有机肥代替，石油农业的弊病覆盖了田野，我国农业的生态特征大大消失。可见，在经济生活中，生态与社会两个维度发生了矛盾。解决这个矛盾的途径是发展工业化的有机肥，所有脏、臭的生产生活废弃物经过工厂，成为既保持有机特点，又没有脏、臭的肥料。它是发展生态农业的重要支撑。

3. 原料来源

有机肥的原料来源有以下几类：①农业废弃物，比如秸秆。由于农业秸秆综合利用技术的广泛利用，主要农作物秸秆作为肥料还田利用占 33%、作为饲料利用占 21%、作为燃料利用占 20%、作为原料利用占 15%，仅每年农作物秸秆还田一项，就相当于节约了大批化肥。②农产品初加工剩料，如糟渣和豆粕、棉粕做成的饼肥。③畜禽粪便，比如鸡鸭粪、牛羊马粪、兔粪。④人粪尿。⑤工业有机废弃物，比如酒糟、醋糟、木薯渣、糖渣、糠醛渣等。⑥城乡腐化性生活垃圾、生活污水，比如餐厨垃圾等。⑦屠宰场废弃物。⑧城镇污泥，比如河道淤泥、下水道淤泥，以及直接作肥料的泥肥、熏土、坑土。⑨海肥（沿海地区动物、植物性或矿物性物质构成的地方性肥料）。

有机肥料资源主要是农业、畜牧业生产的副产物。哪里有农业、畜牧业，哪里就有有机肥源。城市中可以利用的有机生活垃圾，主要也来自农产品和畜产品。所以农业、畜牧业越发展，有机肥资源就越丰富。人粪尿既是一种土壤与水源的重要污染物，又是一项重要有机肥源。平均每个成年人每年粪尿排泄量约为 790 公斤。家畜排家禽泄物数量大、养分丰富，是中国农业最大的有机肥资源。农作物秸秆也是很重要的有机肥源，其养分丰富、来源广、数量多、可直接还田，也是堆、沤肥和家畜家禽的重要原料。随着人口的增加，农业、畜牧业生产的发展和人民生活水平的提高，必然会增加人、畜、禽粪便和作物秸秆的数量。将这些利用好将成为发展农业生产的物质保证。

二、有机肥对生态经济的意义

1. 施用有机肥对农业生产的意义

（1）保持养分的相对平衡。有机肥料含有植物生长必需的大量营养成分：元素氮、磷、钾、钙、镁、硫和微量元素铁、锰、硼、锌、钼、铜等无机养分；氨基酸、酰胺、核酸等有机养分和活性物质等，对植物的养分供给比较平缓持久，有很长的后效。

（2）提高土壤养分的有效性。有机肥中含大量微生物及各种酶（蛋白酶、脲酶、磷酸化酶），促使有机态氮、磷变为无机态，供作物吸收。并能使土壤中钙、镁、铁、铝等形成稳定络合物，提高有效磷含量。有机肥料含有多种糖类，施用有机肥会增加土壤中各种糖类含量，可在降解中释放更多能量，促进土壤中的微生物生长、发育、繁殖，特别是许多有益的微生物，如固氮菌、氨化菌、纤维素分解菌、硝化菌等。有机肥料中有动物消化道分泌的各种活性酶，以及微生物产生的各种酶，这些物质可提高土壤的酶活性和生物繁殖转化能力，有利于提高土壤的吸收性能、缓冲性能和抗逆性能。为植物生长创造良好的土壤环境。

（3）改良土壤结构。施用有机肥料最重要的是增加土壤的有机物质含量，可增加腐殖质有机胶体，促进土壤团粒结构形成，改善土壤的物理、化学和生物特性，提高土壤保水、保肥和透气性能，提高调节土壤温度的能力，熟化土壤，培肥地力，对土壤中的养分、能量、酶、水分、通气和微生物活性等有重要影响。中国农村的“地靠粪养、苗靠粪长”的谚语很好地反映了施用有机肥料对于改良土壤的作用。

（4）避免单纯使用或过多使用化肥的弊病。只有施用高量有机肥，与化肥合理配合，土壤中的氮、磷、钾含量才足够又比例平衡。当前中国化肥生产中氮、磷、钾比例失调，导致耕地大面积缺钾、缺磷，只要多施用有机肥就可以解决。有机和无机肥料配合施用时，作物产量均明显高于单施化肥和单施有机肥，说明有机无机肥料配合施用是实现高产稳产的重要途径。

施用化肥不当，容易污染环境。化学氮肥的利用率只有约 30%，化学磷钾肥的利用率也只有大约 35%，其余大部分化肥素都由地表径流等途径损失了，这就造成了对环境的污染。既要防止化肥的污染，又要保证作物高产，关键在于大量增加有机肥用量，合理控制化肥施用量，调节氮、磷、钾化肥比例，实行化肥深施等措施。

使用有机肥料也存在养分含量低、不易分解、肥效慢、不能及时满足作物生长需要等问题。有机肥料中大部分是有机物质，有机质是衡量土壤肥力的重要标志。无机肥料正好与之相反，具有养分含量高、肥效快、使用方便等优点。因此，只有将有机肥与化肥配合施用，取长补短、缓急相济，才能充分发挥效益。

2. 有利于保障食品安全、改善农产品品质

有机肥在土壤中分解，转化形成各种腐殖酸物质，能提高植物体内

的酶活性，促进物质的合成、运输和积累。腐殖酸是一种高分子物质，阳离子代换量高，具有很好的络合吸附性能，对重金属离子有很好的络合吸附作用，能有效地减轻重金属离子对作物的毒害，并阻止其进入植株中。由于有机肥料中各种营养元素比较完全，而且这些物质完全是无毒、无害、无污染的自然物质，这对生产高产、优质、安全、卫生的绿色食品非常有利。

绿色食品在西欧、美国、日本等生活水准较高的国家受到欢迎。尽管绿色食品价格比一般食品高 50%~200%，但仍然走俏。近十年，中国人民的生活水平迅速提高，对绿色食品的需求日益增加。发达国家正在兴起“生态农业”“有机农业”，十分重视使用有机肥料，并把有机肥料规定为生产绿色食品的主要肥源。

3. 有机肥鲜明的循环经济特点

循环经济的一个要点是增进自然体系和生物循环利用，使足够数量的有机物返回土壤中，用于保持和增加土壤有机质，提高土壤肥力和土壤生物活性，无机肥料只被看作营养物质循环的补充物而不是替代物，化学合成的肥料和化学合成的生长调节剂的使用必须限制在不对环境和作物质量产生不良后果、不使作物产品有毒物质残留积累到影响人体健康的限度内。这表明，在绿色食品生产中必须十分注意保护良好的生态环境，消除无机肥料的过量使用，有机肥料（包括绿肥和微生物肥料）才是生产绿色食品的主要肥源。

三、有机肥的生产与推广应用

1. 发展要点

为提高有机肥生产的工业化水平，需要增强如下要点：

（1）技术。已经有多种有机肥的生产工艺及技术，如用粪便、垃圾的无害化综合处理、用植物酶解杀菌、催化发酵除臭、制成粉状浓缩肥料、颗粒状肥料或液体肥料等技术，生产技术有城市粪便工业化生产农肥方法、城市粪便物化法、冷冻粪便制造有机复合颗粒肥的生产方法、城市粪便拌和泥土干燥制肥法、高活性无害化资源化人畜粪便复合处理剂的生产方法等。例如，鹤壁人元生物肥技术研发中心就开发出专利号为02106744.9的“利用城市污泥生产复混有机肥的方法”。

（2）有机肥生产设备。用粪便、生活垃圾、淤泥生产有机肥，包括分类收集、发酵处理及污水的再利用处理装置。如有机复混肥生产成套设备，传送式有机肥自动翻推机，振动筛，输送带，柱状、球状造粒机。

（3）便于收集有机肥原料的生活设施，如免冲洗生态厕所粪便处理方法及装置。一种节水生态厕所，城市粪便、生活废水的生物处理再生利用方法及装置，粪便收集处理方法及其装置，三格式瓮型环保化粪池，电动泵水处理人粪尿及公厕用潜水泵抽尿冲粪工程，固液污物快速分解处理装置，推流式移动化粪器，城市粪便、生活废水的生物处理再生利用装置，防腐生物发酵干燥塔，封闭采肥便池，微生物降解发酵槽排液通风装置，沼气池自动出肥装置。

（4）针对有机肥的生产循环系统工程，如畜牧场的粪尿收集与有机肥设施建造。

（5）技术标准。有机肥的加工有多种方式，生产的各类有机肥料要符合下列各项标准。沼气池粪渣需经无害化处理后方可用作农肥。各类有机肥料要符合粪便无害化卫生指标、沼气发酵卫生标准（如符合农业部发布的有机肥料的新行业实施标准为NY525-2012，代替原有的NY525-2011，于2012年3月1日发布，2012年6月1日实施）。

（6）企业。一般冠名为“生物科技有限公司”的有机肥生产企业，要有自己的生产技术、品牌，不断推出通过验收的“生物有机肥生产及推广应用”项目，能获得生物有机肥认证，经过生物有机肥批量试产，有过产品在作物种植上的试验示范。要有追求技术进步的发展计划，投入人力财力开展新品种的研发，对生物肥料工艺及设备进行改造。更重要的是与农业生产单位和农民建立关系，获得信任，进而有效地使有机肥得到推广应用。

此外，农村的有机肥来源多，可以根据实际情况，选择两种方式，一是引进先进科技来制作传统的农家肥；二是仿效城镇收集现有的有机肥资源，供应有机肥料生产厂家。两种方式都要产生环境卫生保洁的效果，杜绝随处遗弃畜禽粪便、晒粪干和焚烧秸秆的现象。

2. 稳定配套

有机肥的生产与推广应用，是三根支柱共同支撑的结果。有完善的城镇人畜粪尿与生活垃圾的收集系统，将这些脏而臭的排泄物当成资源化的原料，完完全全地加以收集，一点不泄漏于人居场所，以此保证城镇土壤、水系的环境卫生，这是第一根支柱，是社会经济“静脉”的收集系统。以工业化方式将上述排泄物加工成有机肥料，不脏不臭，卫生保洁，方便使用，为生态农业提供很好的肥料，这是第二根支柱，是社会经济“静脉”的转化系统。有机肥料广泛用于农田果园等种植地方，大面积地替代化肥，取得农业生产的生态化效果，这是第三根支柱，是社会经济“静脉”的应用系统。没有大规模的、系统的收集系统，工业化的有机肥生产效率将受到限制，环境保护的效果会大打折扣。没有现代化的高科技的转化系统，就无法保证当代农民远离脏而臭的排泄物，取得方便适用的有机肥。没有增强了生态意识的现代农民，已经生产出来的有机肥就得不到广泛推广和运用，排泄物的收集与有机肥的生产就没有经济效益的保障。只有三根支柱都立起来，才能撑起这项“环境保护—循环经济—生态农业”的系统工程。

第五章 资源节约型经济的产业发展

第一节 资源节约型发展战略下的产业结构分析

一、资源节约型发展战略下的产业发展思路

广西走新型工业化道路，必须形成的特征有以下两点：信息化和生态化。对于资源节约型战略的实施，信息化更多的是科技手段，生态化更多的是产业内容。也就是说，要充分借助信息化的装备与技术，改造传统产业，发展知识密集型产业、高新技术产业、现代服务业，开辟与支撑更多生态化的资源节约经济。从区域分工与比较优势理论来分析，在生态化（又称绿色化）的方向上，广西可科学合理地利用其具有优势的生物与农业资源、地理资源，发展以种养业为主的生态农业和以旅游业为主的生态服务业，开发利用生物质能源、水能、太阳能等再生资源。

资源节约型经济的产业发展原则体现了产业结构“绿色化”。其含义就是以绿色增长观引领产业结构调整，按照降低温室气体排放强度、降低能源消费强度、降低环境污染程度的要求，实现经济增长。概括地说，就是以“三低”（低排碳、低耗能、低污染）实现“三化”（增长低碳化、

能源利用高效化、环境清洁化）。

广西的产业应从整体上开始绿色转型，使经济发展逐步转到资源节约的轨道上。这要有一个过程，在一段时期内，对不严重污染环境、耗竭资源的一般发展要兼顾，而把发展重点放在绿色发展上。我们要把握的是，有控制地扩大非生态型的发展项目，着力发展生态型项目。绿色发展不能是空话，也不是遥远的目标，而是现实的措施。每一个新的起步，都要在生态经济指标上有改进，而不是沿袭。

资源节约型发展战略下的产业应分别从以下这些方面努力发展：

（1）推进传统产业生态化，运用先进适用技术和节能环保技术，加快传统产业的生态化改造和升级，提高各类产业中资源节约内容的比重，如发展节能型工业、节水型农业、水运交通，在生产、建设、流通、消费各个环节减少资源消耗。

（2）以创新理念大力发展具有生态特征的新兴产业。其生态特征在于：①附加值高，单位消耗的能源或材料能够有更高的价值产出。②产品功能本身在使用中能够节能减排。③生产过程中应用清洁生产方式的潜力大。大力培育和发展符合国家产业导向、市场前景广阔、可持续发展优势明显的新能源、新材料、生物、医药、海洋经济等战略性新兴产业。集中力量搞好国家和自治区级高新技术产业园区、经济技术开发区和特色产业园区建设。

（3）直接发展生态效益强、促进生态修复的产业，如林草业、水利建设等国土建设的产业。

（4）发展整体上体现循环经济的环保产业（包括企业“三废”治理与城乡垃圾、废水治理），建立废弃物循环利用的为再生产服务的产业体系。将环保与生物质能源开发相结合，推进节能和环保产业技术进步，大力研发具有先进水平、拥有自主知识产权、竞争力较强的节能环保技术和产品。重点开发和引进推广节能以及清洁生产、污染防治、资源综合利用的新技术、新工艺、新产品，在工业、农业、建筑业、房地产业、服务业、公共机构等领域实施一批重大节能示范工程项目。推动污染治理装备制造和节能与环保服务产业发展。

（5）降低传统能源的比重。重化工业比重上升，能源消费即呈现刚性，加大节能力度将减少重化工业规模增加导致的能源消费量。发展可再生能源，以替代高消耗的资源性产业。

以下结合广西的产业发展问题分别阐述这五个方面。

二、资源节约型战略下的工业发展

1. 工业生态化的两个方式

在传统工业化方式中，只体现“征服自然”的力量，借助化石能源的自然力驱动更大的机械力，在经济指标上主要反映更少的劳动投入取得更大的产品产出，没有包含资源节约与环境友好的意义。产业生态化就是要增加对产业生态效果的注重，对产业运行要求最大限度地降低对自然资源的耗费与对环境的有害影响。这可以从以下两个角度来推进：

一个角度是从整体上，在由粗放型增长方式向集约型增长方式转变中，强调节约原材料、能源、土地资源，强调经济增长的质量型成果内的环境保护效果。集中到经济技术指标上，就是提高资源综合利用水平，这是广西应当放在优先地位的重要发展指标。广西要在各个产业提高资源综合利用技术水平，尤其对于物耗能耗高的各类重化工业，更要在节能节材、减排去污的指标上不断推进技术、更新管理。

广西能源利用率低于全国先进水平，企业能源、原材料消耗约占成本的40%，每万元工业产值综合能耗比发达省份高出40%以上①。企业为治理高碳污染而付出的环保支出必然增大生产成本，这又是广西工业产品市场竞争力不高的重要因素。这种状况正在改进，继续努力大有奔头。

另一个角度就是分别对各个传统产业进行生产技术与产业模式的更

① 资料来源：《2012广西发展报告》，第262~263页。

新，推进各个传统产业本身的生态化变革。

2. 要有跨越式发展思路

从传统工业化的标准来看，广西以原材料工业（冶金、石化）为主的重化工业尚未有足够规模。跨越式发展就是不要直接去扩大重化工业规模，而是转向发展轻型的高新技术产业、服务业与新型农业。

广西多年来的产业结构问题都是第二产业落后、第三产业偏大，加上第二产业中轻工业市场饱和、机械电子工业竞争力弱，很容易把增长的希望放在以原材料工业（冶金、石化）为主的重化工业上。而工业化的传统看法都将重化工业的较大比例视为工业化达到成熟阶段的标志，增大重化工业的规模体现着广西努力追求“完成工业化中期使命”的目标，提升广西工业化率在全国的排位。然而，广西正确的产业发展战略应当是考虑如何以信息化和生态化来带动工业化，如何以“资源节约、环境友好的两型社会建设”来规制产业发展，拓展循环经济、低碳经济的途径。显然，对于当前的广西工业化，前者体现了广西追求产业发展的“量变”，后者将推动广西追求产业发展的“质变”。前者很难使广西的经济发展摆脱粗放增长模式；而后者做起来虽不容易，却有利于广西转变经济发展方式。正确处理产业发展“质”与“量”的关系，是兼顾前者，而将主要努力放在后者上。

按照跨越式发展思路，重化工业特别是原材料工业首先要将资源综合利用、产品加工度升级的水平大幅度提高，为此宁可放慢规模发展速度。同时，用现代高加工组装的制造业、信息技术产业、新型服务业、以有机食品、生态产品、生物能源原料为代表的新型农业等，来弥补重化工业规模发展不足。尽管这些产业因科技含量高而扩增艰难，远远不如引进几个大型冶金、石化项目那样工业化成绩卓著，但不如此就无法做到科学发展与可持续发展。

按照跨越式发展思路，广西的临港产业需要积极引进新材料、装备制造项目，加快以风力发电、潮汐发电、燃气发电、燃料乙醇等新型能源为主攻方向，完善风力发电产业链，积极开展潮汐发电、燃气发电试点工作。石油加工业坚持循环经济理念，强化节水、节地、节能、低污染和资源综合利用，实现产业和园区发展的绿色化。

广西的工业发展门类已经比较齐全，工业化基础已很可观，而竞争水平与绝对规模在全国排位中都较靠后。广西跨越式发展的工业化发展更要关注工业内部结构的优化，不要单纯追求工业在生产总值中的比重与工业化率。立足生态经济意义上赶超的角度，需要促进工业结构由资源型与加工制造型并重向加工制造业为主转变，在转变过程中包含着大量生态经济措施。

3. 广西三类资源为主的制造业的转型升级

（1）广西的劳动密集型制造业发展，要增加科技与人才等高位资源。无论是激励本区的创业精神来兴办，还是承接发达地区的产业转移，都要有转型升级的要求。面对在发达地区那里已成为边际产业的生产，要做的是“承接老产业，做出新文章”，在设计、品种更新、技术含量、品牌等方面有所作为，使同等劳动与物质耗费带来最大的新增价值。

（2）发展资本密集型工业要“精简”，广西好几年有因国家生产力布局变动而获得承接发达地区产业转移的机会——以钢铁、石化、冶金为典型的一批重化工业大项目可转移到广西来，由于产能过剩，这些机会总体上不再有了，但原有大项目的带动作用并没有失去，广西可通过增强产业更新能力，延长产业链（当然有的容易延长，有的难以延长），发展新品种来发展相关的资本密集型工业。而承接这类产业要谨慎，一看产业的市场前景与技术前景，二看生态指标。凡是规模扩张有限、技术不先进、污染重、环保要求不达标的生产项目，不再接纳。这类产业是转变增长方式的重点领域，一定要用循环经济的方针来指导，尽量使用减排与节能节材技术，强化产业生态化。

（3）知识密集型工业俗称高新技术制造业，要争取超前发展。从广西总体上处于工业化中期的角度看，发展这类产业属于超前。这个超前有必要搞，因为该产业的市场在扩大，产业发展带动的经济资源（特别是人力资源与技术资源）是一个地方长远发展的财富。未来十年中，知识型、生态型产业的地位将更加提升，新能源、新材料的发展前景无限。已有的有色金属产业要从新材料技术的要求来提高加工深度。以生物资源为原料的材料生产（如可再生资源的生物材料——生态塑料），只要技术问题得到解决，是有市场发展前景的。要在高新技术基础上大力发展海洋资源开发与制造业，发展中药与植物保健品产业、林化工产业。但考虑到广西的经济技术实力不强，高新技术产业只能规模适度地、有选择有重点地推进。

4. 资源密集型工业生态化是重点

追求传统产业生态化，重点是资源密集型工业。资源密集型工业是广西的特色产业，分别来自两类资源：来自矿产资源的主要是有色金属加工业，如铝业、锡业、建材业；来自农产品资源的主要是制糖、造纸、淀粉产业。一个区域对自然资源的产业发展依托具有动态性双重效应：不利效应是，单纯依托资源来发展产业，是该区域经济技术发展水平不高的表现；有利效应是，结合科技与管理要素来依托资源发展产业，则是该区域的有利经济因素。因此，资源密集型产业的发展方向必然是“升级型”的，产业生态化正是资源密集型产业升级的主题。升级包括依托科技与管理要素来提升加工深度，或者是开展资源综合利用，最有利的是两项同时推进。

在资源密集型工业的生态化当中，发展循环经济是主攻方向。节能减排是主要目标。在食品（重点是制糖）、冶金、建材、化工、造纸等产业上开展资源综合利用、延长综合利用循环产业链，是广西科技进步与产业经济改进的重点，也是广西实施工业领域循环经济的主要体现。广西产业界已有从循环经济试点工程向产业化发展迈进、将循环经济示范企业的建设与推广相结合的行动。

从现实来看，广西的资源密集型产业提高加工深度的难度较大，需要过程较长，要有积累科技发展的长期规划，但要坚定这一方向。而开展资源综合利用要在短期内生效，就要尽快提高有色金属、冶金、建材、水电、化工、制糖、造纸等资源密集型产业的资源产出效益，争取在全国的同行中处于领先地位，创造这一领域内发展循环经济的先进业绩。在上述两项进步基础上，广西还应努力扩大资源增量。

5. 发展以绿色制造为特征的制造业

“绿色制造”是工业生态化的重要方向，也是当代世界制造业发展的新趋势，其产业效果主要是节约能源与材料。广西要注重对原有制造业进行绿色转型，为跟上这个新趋势立新功。要发展的“绿色制造”包括以下几类：

（1）在燃料使用上显著提高能源效率的装备制造业。全电控内燃机、高速小型直喷燃烧系统柴油机、再生空气混合动力发动机、低碳节能高效发动机、混合动力车用发动机等产品，以及清洁高效发电设备、智能电网设备、电力电容器、传感器和电力电缆等产品。

（2）新能源汽车制造，如电动汽车、插电式混合动力汽车、燃料电池汽车等。国务院出台《节能与新能源汽车产业发展规划（2012—2020）》，多个地方政府陆续出台政策支持推动当地新能源汽车发展，加大了消费方面的补贴、扶植力度，引导了汽车消费市场发展；实行停车费、电价、道路通行费等优惠政策。随着我国经济的发展和人民生活水平的提高，作为时尚、低碳代名词的新能源汽车越来越成为新一代的交通工具。消费者节能环保意识增强，愿意选择绿色的消费方式。汽车企业的科技进步与创新使新能源汽车的生产成本下降、价格降低，同时质量不断提高。一些国内知名汽车企业确立自主品牌战略，通过艰苦攻关，使其汽车成本大幅降低，性能也有很大提升，更经济耐用。

新能源汽车是未来汽车行业发展的方向，我国新能源汽车发展存在诸多优势，国家对新能源汽车市场的发展抱有乐观预期。2008~2020 年，我国新能源汽车的销售数量将不断增加，突破千万辆，这预示着新能源汽车将成为未来的流行趋势，汽车领域的产业结构和消费结构将得到进一步的优化和调整。

今后新能源汽车发展的努力方向，在于解决如下问题：整车设计技术亟待提升、动力电池等关键零部件性能存在差距、能源补给不便、汽车先进节能技术尚未完全掌握、新能源汽车在私人领域的推广仍然面临着“桎梏”等。

（3）着眼发展绿色循环化工产业，依托重点化工企业，加快形成有机化工、硫化工、磷化工等产业链。推进化工企业向园区集中，引进下游高附加值产业，形成循环发展的模式。

（4）以提高信息产业综合竞争力为核心，以承接产业转移、发展配套产业为主要任务，按照硬件制造、软件开发和信息服务“三位一体”的发展模式，以加快发展新光电、新能源为方向，以计算机、小型家用电器、电子元器件、通信设备、船舶电子、LED照明和光伏设备生产为重点，依托产业园、加工区、高新区等相关工业园区，结合建设国家科技兴贸创新基地，建设成为“国内一流、国际先进”的广西“硅谷”、中西部重要的信息产业制造基地、面向东盟的电子产品出口基地和中国重要的承接东部产业转移示范基地。

（5）探讨金属材料类机器设备与电器电子产品生产的再生工业。

6. 生物资源加工业

发展农产品精深加工业，提高附加值，打造有影响力的水产品和热带水果加工出口基地。木薯酒精、甘蔗乙醇就体现了拓展产业链条、提高附加值、综合利用“吃干榨尽”的生产思路。蔗糖、木薯淀粉与乙醇还可根据市场变化相互调节供应。开发汽车用酒精，抢先制定非粮酒精的产品技术规范和标准，力争取得国家的支持，向全国范围推广作为行业技术标准。加强生物质原料基地建设，特别要积极参与东盟国家原料基地建设，参与乙醇产业的投资设厂，实现原料来源的多样化。拓展林产品加工，扶持华虹公司、松脂厂等龙头企业上规模上水平，发展农林产品精深加工业。

以品牌建设为龙头，以原产地、绿色有机食品认证为关键，改变散、乱、小的局面，推动食品工业向品牌化、产业化、规模化、高端化发展。重点发展山葡萄酒、糖料蔗、香猪、黑山羊、长寿食品等产业，大力发展品牌连锁餐饮。支持重点企业加大食品加工技术研发力度，积极引进大型食品企业设立生产基地，畅通产品流通渠道。优化食品产业布局，实行聚集发展。

7. 林浆纸产业

大量种植速生林，对生态环境资源可能造成很大的隐患。速生林有很强的蒸腾作用，水分利用效率比较低，用水量很大，严重影响到水土保持，大面积速生林种植会导致地下水位下降，地表保持水的能力变差，时间长了，土地表面板结，还会出现土地沙化现象。速生林对土壤的肥料和养分需求极大，种植桉树的土地肥力易于下降。因此，发展林浆纸产业必须做到：通过有效的规划引导和规范的市场运作，控制速生林发展规模与速度，建设一个高效、安全、生态设施完善的综合性制浆造纸产业集群；以林浆纸一体化项目为核心，向上、向下延伸并扩大产业链，形成纸浆、纸板、生活用纸、高档用纸、特种纸生产基地；将林浆纸产业发展成为带动农民增收，促进新型纸品、印刷、包装等产业快速发展的大型产业。

三、资源节约型战略下的生态农业发展

1. 发展生态农业的意义

现代农业需要机械化，但只要不走石油农业道路，就能够做到资源消耗低、环境污染小。现代农业的发展需要加速对土壤、水资源等自然资源利用技术的研究，开发节水、节肥、节药、节地等技术产品，实现资源的优化配置和高效利用，提高现有耕地粮食综合生产能力。发展生态农业、建设农业生态文明，是对传统农业文化的“扬弃”，是朝着现代

农业的建设目标前进。生态农业是近自然的农业，是人类农业建设回归理性的标志，最大限度地减少农业生产过程中化工物品特别是各种有害物品的使用量，从而有效防止农业发展活动可能引发的生态失衡和环境损害问题，是顺应历史发展的需要。

生态农业对广西经济发展有不可忽视的作用。必须重新定位广西在全国分工体系中的角色，确立广西在发展生态农业、生态旅游和生物资源中的优势地位。广西在传统农业的水平上是农业大省。在工业化、城镇化的主流趋势中，农业比重必定要降低，但不应盲目缩减农业的绝对规模。成为农业强省应当成为广西的重要发展目标，发展指向是提高农业现代化水平。未来科技发展的前景表明，农业这个产业已经展现了四大用途的分化：食品农业、原料农业、能源农业和园林农业，越来越能满足社会更多需求。广西不能盲目跟随当前许多地方：先破坏农业，将来瞄准新的用途再恢复的做法。

从世界经济角度看，生态农业不仅为人类提供无毒无害的绿色产品，而且能为工业提供生物质能源（酒精、甲醇等）和生物质原料，满足部分工业对能源、原材料的需要。生态农业将因为它的高技术含量、高附加值和绿色产品，成为21世纪最有希望的新兴产业。粮食危机也将化解，农民的收入水平也将大幅提高。农村、农业将扭转其在工业化、城市化过程中的衰败颓势。为农产品的生产、加工、贸易提供各种技术服务和人才培训的新型城市——农商城市，将成为城市化过程中最具活力的聚集经济体之一。发展中国家有可能消除二元经济结构，在新的产业基础上实现城乡一体化。

2. 生态农业的模式

我们已经认识到，农业走向现代化，不能按美国“石油农业”模式，必须是生态型的现代农业。农业的集约化、品牌化要有生态内容。农业经济增长需要将工业化技术应用于有机农业，用生物制品农药取代无机化学农药，用有机肥料取代化肥，减少化肥和农药使用量，根据各地的自然条件和种植制度，大力发展绿肥，合理科学地利用绿肥。提高农业资源化利用率，逐步实现农作物无害化生产。

发展生态型农林牧渔业，要按照“整体、协调、循环、再生”的要求，以农业产业化经营为基本途径，进一步提高农业资源良性高效循环利用水平，按照高产、优质、高效、生态、安全的标准发展农业，建立结构合理化、技术和产品标准化、生产环境生态化、资源利用高效化的生态农业体系。发展生态农业要依托农业生物技术，通过生物技术代替化肥、农药，即利用生物固氮或生物肥料供给作物肥料，用生物技术控制、防治作物病虫害。发展生态农业，使农业生产充分利用土地、水、光、热资源，实现农业资源的多层次综合利用和农业剩余物的再循环利用。

农业转型要靠不断降低成本的科技支撑。生态农业主张对病虫害、杂草等进行生物防治和综合防治，由此对生物工程技术提出了更高的开发利用技术要求，相应的成本也会增加，而农业这样经济效益较低的产业往往难以承受其成本。所以，要发展低成本的高新技术来支撑有机农业，运用生物技术来提高农业的科技含量。逐步在粮食作物、经济作物、畜牧、水产、林草等领域应用生物技术培育优质品种，发展高效、低毒、无残留、无污染的生物农药，发展有机复合肥、微生物肥、发酵菌剂等系列生物肥料的生产与推广应用，发展微生物蛋白饲料、单细胞蛋白饲料高效生产与应用。同时，实现农业自然资源的合理保护与利用，防治水土流失、土壤板结、肥力下降。防止农业生物资源（包括动物、植物、微生物）浪费和耗竭，是广西科技发展的一个重要方向，并能带来持续的物质财富与经济效益。

将做好“山、水”文章，以建设特色农业基地为目标，把发展绿色生态农业和提升农产品竞争力作为首要任务，尽力将自然条件下出现的农业资源（如特色品种）扩展为有市场竞争力的经济门类，促进农业农村经济平稳较快发展，实现农民增收。严格保护基本农田，加强农田整治，努力提高粮食自给能力。

广西应大力推广生态循环农业模式和实用技术，实现农业废弃物的资源化和产业化。

3. 品种上的特色农业

按照高产、优质、高效、生态、安全的要求，充分利用丰富的农业生物资源和气候资源优势，调整农业生产结构，做强做优粮食、甘蔗、水果、蔬菜等传统优势产业，积极推行良好农业规范及标准化生产，有效控制农业化学品使用，建立一批适应国内外市场需求的无公害农产品、绿色食品、有机食品生产基地。为发展生物质能源，广西要利用旱地、坡地发展高产、高糖、耐旱的甘蔗，发展大规模的木薯种植，不与粮食争地。

大力发展桑蚕、茶叶、甘蔗、花卉、葡萄、板栗、木本油料、食用菌、中草药等经济作物，加快发展高效节粮型名优草食畜禽养殖业，以及香猪、黑山羊、奶水牛、野生动物家养等特色畜禽产品，推进特色农产品生产向优势产区集中，打造原产地品牌。重点发展六堡茶、金花茶、茉莉花、核桃、中药材、特色树林、大红八角等特色农产品。

发展特色农业。例如梧州六堡茶，是有1500多年历史的土特产品，被列入广西的非物质文化遗产，质量上乘。2013年总共生产了0.98万吨，占全国黑茶生产总量的10.7%，其中出口东南亚国家就达266.9吨，几个县区种植面积达6.58万亩。但梧州六堡茶还有待在品牌营销、茶文化上进一步下功夫。①

合理开发江河、水库等大水面渔业资源，积极推广生态型养殖模式，大力发展绿色、无公害水产品生产。推广水产养殖业生态集约化：提高网箱、网格和工厂化养殖的比重，增大投饲养养殖比例。水产养殖业也应节能减排，实施阳光工厂化养殖。池塘养殖进行集约化改造，应用套

① 陈海思、董建：《广西特色农产品品牌发展模式研究——以梧州六堡茶为例》，《市场论坛》2015年第9期。

养网箱。高质量发展水产品加工，提高水产品附加值。加强对海水、湖库、河流规模化养殖密度的控制，科学选择和投放饲料；加强水产养殖病害防治体系建设。

4. 非生态林业与林下经济

这里说的非生态林业是要得到经济效益的，大体上有用材林与经济林两类。发展这两类林产业，是在正确处理好森林资源保护、利用和发展的关系，确保自然生态系统及功能稳定的前提下，充分发挥林业资源的优势，科学合理地规划好速生丰产用材林、经济林两大基地建设，不断扩大森林资源总量。广西人概括了非生态林业的八大优势：浆纸原料林、木材综合加工、林产化工、竹藤加工、林特副产品加工、花卉、森林旅游、野生动植物驯养利用。在这八大优势中，从加工角度考虑的就占了五个，而其他三个中有两个也是生态林业的延伸效益。可见，要十分重视林产品的加工，根据市场需要实现低级粗加工型与高级精深加工并举，但努力方向是从低级粗加工型向高级精深加工型转变。重点打造林浆纸一体化、木材深加工、林产化工、油茶、花卉五大优势产业。推动林浆纸、家具制造、木地板加工、林化、香料、野生动植物的繁育利用等林产业集群发展，提高林产品附加值，延长产业链，不断提高林业经济总量。深入挖掘林产业的生物质能源、保健食品、森林观光、生态疗养等新型功能。

广西的人工林、速生丰产林、经济林面积均居全国第一位，每年的商品木材产量占全国的1/7。为了建设好用材林、经济林两大基地，要加强低产林改造和林木抚育，提高森林质量和木材产量，优化林树种结构，因地制宜地发展名特优新经济果木林、饲用林、生物质能源林、特色药材林、特色香料林、南国花卉等产业。要科学造林，采用先进、生态的营林措施。

林下经济，是依靠当地林下土地资源和林荫优势，在保证林木正常生长的前提下，利用林冠造成的树荫，开展种、养、林下产品加工以及森林景观游览等多种经营形成的产业。发展林下经济要从因地制宜与市场态势出发，注重品种选择，提高生产效率、产品质量、技术水平、流通效率，搞好投资，建立专业合作社，培养人才。广西山地丘陵面积占总面积的1/2以上，平原面积只占总面积的1/4，广西林地面积占山地丘陵面积的六成以上，拥有林下经济面积600万公顷，在林地面积中占四成以上，比全区平原总面积还多，发展林下经济的潜力很大。①

5. 产业化

提高农业产业化水平在发展当地特色农业中极为重要。广西提出发展特色产业已有多年，成功与失败的例子都有，其中的关键在于经济效率。许多贫困地区富含可资开发的生物、矿产资源，但必须加上加工、流通等环节的增值才能带来致富效果，农工商一体化经营正是实现延长产业链、提高效率的途径。农业产业化的集中表现就是形成有社会分工、地域分工的产业链条。在这条链条中，乡村承担的是初级产品生产，小城镇承担的是初加工产品生产，城市承担的是最终产品生产。链条的第一个环节是由贫困地区乡村开发本地有特色的生物资源，生产出初级产品；第二个环节是建立依托自然资源的初加工型生产，成为城市工业的延伸基地；第三个环节包括深加工与商贸，是开拓市场的前沿。乡村需要用科技、资金等生产要素来开展种养生产，可以由后两个环节输入。整个产业链条要充分体现社会化生产水平。对于“公司+基地+合作社+农户”的产业化模式，应该总结正反经验，有效实施。农村的家庭经营要放在产业中的“车间”位置。当然，这里所说的仅仅是一个理论模式，实际情况千差万别，农工商一体化经营方式要具体塑造。

发展生态型的现代农业要建立完善一系列环节：①建设现代化设施项目：农业节水、节地、节材设施种植示范工程，中低产耕地、田垌、池塘、桑园改造，标准良田建设，高效立体农业工程基地建设，多建立

① 凌佳明：《广西林下经济发展对策的思考》，《中国林业经济》2015年第4期。

有实验室在内的农业科技研发基地，建好由政府、企业投资的生态型现代农业技术试验、示范生产基地。②健全政府引导发动、多种经济主体举办、面向农村社会的农业经营服务体系，如农业科技推广、水利、农机、农业气象、农产品商流与物流、动植物防疫等经营服务体系。③推广以农户为主体、政企参与的现代化农业技术应用区（村屯、乡镇）。

农业产业化建设是提高农业市场化、让工业文明之光照进山乡的必要之课。选择让农民外出打工、使农村空壳化而衰落、再返乡创业的道路曲折得多。而以农民为主、接纳外来资源、联合外界市场主体、开展农工商一体化经营、将农民培育成为现代经营者，这条路更为直接。广西人要有这样的眼光，尤其是在导致农村凋敝的盲目城镇化热潮中更要保持清醒的头脑。

生态型现代农业发展的标志，就是使有竞争力的农产品更多地占领国内外市场，更多的农业资本与技术走向世界。中国—东盟区域经济一体化给我们向南发展开辟了便利条件，而走向更广阔的地区更需要农业的经济技术实力，相应的流通、投资的服务与人才要跟上来。

第二节 桂西资源富集区资源节约型战略

在本节中，将结合广西的桂西资源富集区主要产业的发展主题，深入阐述资源密集型工业的生态化问题。

一、资源与产业状况

在广西的产业发展规划中，资源密集型工业占有重要地位。

河池市是我国十大有色金属之乡，锡、锑、铟、铅、锌等多金属矿产资源储量丰富，已探明矿种 47 个，其中锡储量 68.9 万吨，占全国储量的13.8%；锑储量47.1万吨，占17.7%；铟储量1059吨，占9.1%；铅储量84.2万吨，占1.7%；锌储量506.2万吨，占4.7%。

百色市是我国主要铝土矿资源富集区，已探明铝土矿储量7.09亿吨，远景储量超过10亿吨，占全国储量1/4以上。主要分布在平果、德保、靖西、那坡等县，铝硅比为10左右，具有“低硫高铁”的特点。石油、煤、锰、铜、金、锑等资源储量也比较丰富。

崇左市是中国锰都，锰、膨润土、重晶石、锌、金、银、稀土等资源储量比较丰富，已探明矿种35个，其中锰储量1.49亿吨，占全国储量的17.1%。

依托丰富的矿产资源优势，桂西地区资源型产业快速发展，初步形成了以有色金属产业为主导，锰、建材等产业为骨干的资源型产业体系；培育形成了中铝广西分公司、华银铝业、信发铝电、中信大锰、华锡集团、南方冶炼、扶绥海螺水泥等一批资源加工龙头企业。百色市初步建成在全国有重要影响的铝产业基地，河池市初步建成有色金属、电力、化工、食品、蚕茧等优势产业，崇左市初步建成全区最大的锰深加工基地。

桂西地区属于典型的欠发达后发展地区。在较长的时期内，资源密集型产业的资源综合利用水平低，采选冶综合回收率和伴生矿、共生矿、尾矿的利用率不高，河池市有色金属采选冶综合回收率仅为30%。资源精深加工能力不强，资源转化率低，产业链条短。百色氧化铝产量占全国产量的18.3%，而电解铝、铝材加工产量分别仅占4.3%和2%，绝大多数资源型产业停留在原料采掘、初级加工层次上。资源开发技术工艺落后，能耗水耗较高，重金属污染严重，节能减排压力大。交通基础设施滞后，一些重要矿区尚未通铁路、高等级公路，运能严重不足。一些地区资源开发和管理粗放，资源副产品、废弃物未得到有效利用，加上环保设施和监管能力不足，企业偷排、漏排、超排现象时有发生，导致植被、土壤、水体、景观遭受破坏，污染事故频发。近年来，上述情况有显著改善，但离生态经济的要求还较远。

二、资源节约型战略要求

1. 总目标

桂西的发展目标是建成国家资源富集地区转型升级试验区。为此要转变资源开发利用方式，科学开发和管理区域资源，建立重要矿产资源储备体系。加快传统资源型产业转型升级，突破制约优势资源开发利用的体制机制和核心技术瓶颈，打通产业链，培育形成特色优势产业集群，促进价值链由低端向高端跃升，成为国家重要的资源深加工基地。按照保护优先、合理开发、综合利用、形成链条、循环发展的原则，依托产业基础和比较优势，培育集生产科研、服务、商贸物流、信息市场于一体的新型资源加工产业，发展接续替代产业。促进产业链向高端延伸和转型升级，构建具有区域特色和比较优势、技术先进、循环高效、协作配套、竞争力强的现代产业体系。

国家实施西部大开发战略，在桂西资源富集区最显著的特色，就是提高资源就地转化率。

资源型产业面临全国产能过剩、市场竞争激烈和国家宏观调控政策的影响。桂西地区要探索资源开发利用新模式，为新时期我国资源富集地区加快发展提供示范作用。

桂西地区的发展应优先加快转型、产业升级，兼顾壮大总量。既要加快发展资源型产业、提高资源转化率，又要强化节能减排、保护生态环境。统筹资源开发、生态建设、环境保护与经济社会发展。充分发挥铝、锰、有色金属、水能等特色资源优势。

要把坚持符合技术水平先进、节能减排达标的产业要求放在优先地位。力争单位地区生产总值能耗稳步下降，资源综合利用率大幅提升，主要污染物排放总量得到有效控制。正确树立以空间换时间、以资源换产业、以存量换增量的战略思维，所有这些“换”，都要符合资源节约的要求。自然资源换深加工产业，已有的资产存量换内涵扩大再生产的增量。在生态经济的前提下发挥资源优势，做强做优资源型产业。

2. 区域性目标

新型工业化与城镇化相协调。按照形成主体功能区要求，统筹资源环境承载能力、现有开发基础和未来发展潜力，整合区域资源，实施功能分区，促进人口向城镇集中、产业向园区集聚、经济向重点开发区域集拢，形成布局合理、错位发展、各具特色的空间开发格局。具体就是培育建设三个“核与带相结合”的资源型工业基地。

基地一，以河池为“核”的有色金属工业基地，带动“黔桂走廊”经济带。地理位置以宜州市、金城江区、南丹县为重点，依托黔桂铁路和宜州—金城江—南丹高速公路，加快布局重大产业项目，重点发展有色金属及新材料、化工、建材产业。

基地二，以百色为“核”的铝工业基地，带动右江河谷经济带。地理位置以百色右江区、田阳县、田东县、平果县为重点，依托南昆铁路和南昆高速公路，以国家建设百色生态型铝产业示范基地、合理布局产业园区和重大项目，重点发展生态铝、能源、石化、建材等产业。

基地三，以崇左和来宾为“核”的锰工业基地，带动南崇经济带、沿边经济带。地理位置以扶绥县、江州区和凭祥市为重点，依托南凭快速铁路和南友高速公路，抓住国家建设凭祥综合保税区、边境经济合作区和中国—东盟国际陆路大通道的重大机遇，促进南宁—崇左一体化发展，重点发展锰深加工、有色金属、建材等产业。

3. 资源深加工

按照优先发展铝业，合理发展锰业，适度发展锡、铟、铅、锌等有色金属的产业规划，逐步构建采掘采购—冶炼—深加工—新型材料比较完整的矿产资源产业链，使桂西地区铝矿、锰矿、有色金属建材等资源开发利用价值进一步提升。

（1）铝产业。争取主要技术经济指标领先全国水平，达到或超过国际先进水平。铝产业要发挥铝土矿资源优势和铝产业基础作用，整合优势资源，发展循环经济，提升产业技术和节能减排水平，提高资源综合利用率，构建生态铝产业链，建成具有国际先进水平的生态型铝产业示范基地。

以中铝广西分公司、广西华银铝业公司、广西信发铝电公司、广西投资集团银海铝业公司等大型企业为龙头，以实施重大产业项目为带动，在平果、德保、靖西铝产业基地，以铝水直供方式发展铝加工，延伸产业链；在田东、百色、平果铝配套基地，发展烧碱、电石、PVC 等辅料产业及相关产业，提高铝产业配套能力；在百色新山铝产业园，合理布局崇左铝产业开发，打造自备电厂—氧化铝—电解铝（铝水）—铝材加工比较完整的铝产业链，培育电力、机械、化工、物流等上下游紧密衔接的配套产业链；以百色工业园、田东工业园为载体，依托百色国家铝金属产品检验检测中心和百色铝工业新型材料研发中心为孵化器，加强与高校和科研院所合作，引进、开发新技术新产品，为生态型铝产业示范基地建设提供强大的技术服务。

铝产业重点工程和项目，是构建从铝土矿采选、氧化铝生产、电解铝冶炼、铝材精深加工、赤泥废弃资源到废铝再利用的铝生态型循环产业链。生态型项目有：①废气资源化利用：采用余热利用、粉尘回收和烟气净化等措施，提高余热、外排氟化物和硫化物的回收利用率。②废水资源化利用：回收使用各类冷却水、洗涤水和锅炉用水，赤泥堆场回水，矿山洗选水，以及各车间生产废水，实现废水“零排放”。③固体废弃物资源化利用：综合利用电解铝电解槽产生的废电解质和残极。④赤泥综合利用：采用选择性絮凝、强化高梯度磁选、湿法冶炼工艺等方法，对镓、铁等金属进行综合回收，尾渣作为水泥原料等建筑材料使用。⑤废铝再生利用：采用先进、高效的工艺装备，建设再生铝生产线，建立废铝回收体系和网络，促进铝资源再利用。⑥矿山生态复垦：对采后的土地全面复垦，实现铝土矿剥离、开采、复垦、种植一体化的良性循环。

（2）锰产业。依托丰富的锰资源优势，延长产业链，拓展产业新领域，推动锰产业向精深加工发展，建设锰锂动力电池产业基地、铁合金生产基地、锰化工生产基地、大型特种钢和特种钢制品加工基地，打造“中国绿色锰都”，建成全国生态型锰产业示范区。分步建成国内一流的生态型锰产业基地与具有较强国际竞争力的锰产业基地。

以中信大锰集团、新振锰业集团、崇左康密劳等企业为龙头，引导产业多链条、循环式、一体化发展。壮大中级锰加工业，培育高级锰加工业，打造锰系电力电池产业链，形成比较完整的储能新材料、动力电池产业体系，建成锰系列铁合金、锰化工、锰相关电器元件等特色产业集群。

锰产业重点工程和项目有：①废物资源化利用：加强初滤渣、硫化渣资源化利用，建立电解锰生产过程中产生的锰矿物和钴、镍等贵金属回收系统。②废水资源化利用：建立中水回用系统，实现“零排放”。

（3）有色金属产业。依托较为丰富的有色金属资源优势，立足有色金属产业基础，提高采矿、选矿、冶炼一体化程度，促进锌、锑、锡、铟、铅等产业升级，提高资源深加工水平，建设金城江、南丹和环江有色金属产业集聚区，建立矿产资源储备体系，建成全国生态环保型有色金属产业示范基地。

以广西有色金属集团、华锡集团、河池南方冶炼、广西堂汉锌铟等企业为龙头，重点研发生产锡合金材料、铟锡化合物材料、纳米氧化锌等高附加值产品，带动锌、锑等传统产业升级，向有色金属产业高端化延伸发展，壮大产业规模，提升产业层次，培育形成有色金属产业集群。

有色金属产业重点工程和项目有：①共生矿、伴生矿资源综合回收体系，在采选冶环节改进技术工艺，提高铟、镉、锗、银等稀有金属的回收、利用和开发能力。②废渣资源化利用：实施废渣回收铟、镉、铋以及细微粒低品位金属矿等综合回收工程。③废气资源化利用：利用冶炼废气制造工业硫酸，冶炼废渣生产水泥。

三、在资源密集型工业生态化的基础上发展新材料工业

作为新兴战略性产业。新材料工业是生产高性能材料的工业，广西有以下两个依托：①依托丰富的铝、铟、锰、锡、稀土、非金属等矿产资源，大力发展新型合金材料、电子信息材料、稀土功能材料、新型建筑材料等新型功能材料、先进结构材料、高性能复合材料和共性基础材料，这些产品将在轨道交通、航空航天、国防工业、电子信息产业、电器电工、建筑等领域得到应用。②依托丰富的生物质资源，大力发展新型高分子材料。包括开发利用天然纤维资源和薯类淀粉资源，发展高性能纤维及其复合材料，主要淀粉基高效黏合剂、生物塑料、生物降解材料、环保型涂料、医用高分子材料、特种树脂、黏合剂、阻燃剂、催化剂、试剂等。

这里主要对第一个依托进行阐述。广西的新材料工业直接由有色金属、锰基和非金属新材料（如硅材料）延伸发展而成，然后加上精细化工。在百色铝工业基地、河池有色金属工业基地、崇左和来宾锰工业基地当中，分别承担如下新材料工业：

（1）铝基合金系列产品、铝新型材料、稀土铝合金或铝钪电子焊接材料、高纯铝。

（2）有色金属新材料。发展 ITO（氧化铟锡）粉、ITO 靶材及 ITO 薄膜材料、稀土金属、锡锌合金靶材、锌基合金、无汞锌粉、锡酸锌、无铅焊料、高纯铟、高纯锑等有色金属新材料。扩建河池钼镍产业基地。以锡、铟、锌为重点，努力在高新技术材料研发方面取得新突破。

（3）锰基新材料。开发高性能电解二氧化锰、锰酸锂、汽车动力等电池材料产品，发展软磁铁氧体等电子元器件材料。

（4）非金属新材料。重点发展化工新型材料、光电环保型材料、新型材料造纸、纳米级碳酸钙。开发民族古建筑新材料和新型绿色建材产业。

硅材料。依托大化县丰富的硅石资源优势，重点发展工业硅、高纯

硅、微体粉、有机硅、多晶硅等硅材料产品。

石墨等其他类：石化锂电池负极材料、石墨粉、人造石墨负极材料及增碳剂、特种碳素、针状焦、碳纳米材料、石化高分子塑料改性剂。

（5）发展稀土新型材料、稀土铝合金等，提高稀土产品附加值。引导和扶持发光材料、储氢材料、稀土催化剂等新材料深度开发。

（6）精细化工。围绕氯碱产业，引进利用氯气延伸产业链的项目，重点发展光纤微电子级高纯气体、高性能氟化物、塑料填充剂、塑料改性剂、VAE乳液、VAE胶粉、高强高膜纤维、茶素皂、不饱和聚酯树脂等精细化工产品。

对于后面三类工业，可在南宁、柳州、梧州、北海等其他城市建立工业基地。

四、资源节约型战略措施

1. 树立资源深加工的经营理念

在资源型企业或相关单位，要深入开展形式多样的矿产资源综合利用和发展循环经济的研讨、宣传、教育活动，动员社会各界共同关注矿产资源综合利用和循环经济试验工作，形成节约矿产资源和保护环境的经营理念。搭建矿产资源综合利用和循环经济发展的信息互动平台，积极、主动地开展与全国循环经济产业试点园区和试点企业的信息交流。强化矿产资源综合利用和发展循环经济的信息传播，使原材料深加工深入人心。

2. 建设特色产业园区

按照布局优化、产业集聚、用地集约、特色突出的原则，加强产业园区建设和管理，促进产业园区与城市新区同步规划和一体化建设，推动优势企业向园区集聚，新建工业项目都进园区，把产业园区建设成为资源循环利用、产业转型升级的重要载体。加强园区基础设施建设，提高园区科技创新能力。提高投资强度和产出效率。鼓励与发达地区和大企业共享资源开发，共建产业园区，发展“飞地经济”。

3. 强化基础设施支撑能力

坚持统筹规划、适度超前，进一步加强交通、能源、水利等基础设施建设，提升基础设施共建共享、互联互通能力和水平，增强桂西地区跨越发展的支撑保障能力。加快形成崇左、百色通往东盟国家的国际陆路通道，河池、百色通往贵州的北向通道，百色通往云南的西北向通道等出省出边综合运输大通道，以及崇左、百色沿边地区通道，河池、百色、崇左相互连接通道等内联综合运输大通道。多渠道、多途径增加能源供给，提升能源支撑发展的保障能力。力争新增发电指标优先支持桂西地区发展资源型产业。推进铝电、锰电等电冶一体化，建设区域性电网，加快直购电试点，加强与云南、贵州、湖南等邻省的供电合作，引进低价电能（水电、火电），拓展电源，降低铝、锰等工业生产成本。

五、建立健全推进资源节约型战略的体制机制

1. 建立健全管理体制

建立资源富集区发展资源节约经济的组织管理机制，及时解决推进矿产资源综合利用中遇到的重大问题。其中，由河池、百色、崇左各市政府分别组建促进矿产资源综合利用的综合决策与管理机构，具体负责资源富集区资源节约经济的实施工作。注重强化政府的综合协调能力，切实解决地方保护、部门职能交叉造成的问题，及时处理矿产资源开发中遇到的特殊问题。

2. 建立矿产资源管理经济考核、评价机制

考核、评价机制包括：①重点是以矿产资源合理开发与生态环境保护为目标，建立切实可行的责任追究制，从管理层面上解决矿产资源的任意和过度开发利用问题。②在矿产资源管理决策中推行可持续发展影响评价制度。建立动态的政策分析机制，持久地调整或评价现行和未来的政策，审查矿产资源管理政策是否有利于总体可持续发展。③建立矿

产资源综合开发利用的经济指标体系和评估验证体系。建立循环经济的统计核算制度，制定矿产资源综合开发和循环经济发展的统计核算指标，以绿色 GDP 代替传统 GDP 考核一个地区经济发展的指标。④建立矿产资源综合利用的技术指标体系和评价指标体系，包括矿产资源共伴生资源综合利用率，废矿和尾矿利用率，主要矿种的采矿回收率、选矿回收率，矿产资源综合勘探、综合评价的指标。

3. 建立原材料深加工的技术创新体系

加大科技投入力度。建立科技专项资金，支持原材料深加工关键技术的研究开发。促进对资源开发的产业链的链接和延伸起关键作用的生产和环保技术的研究，加大技术的创新力度。加快资源富集区新技术、新工艺、新设备的研究和推广应用，对目前区内尚无现成的技术而又急需的项目，组织科研力量联合攻关，重点研究共伴生矿产资源和尾矿综合利用技术、能源节约和替代技术、能量梯级利用技术、延长产业链和相关产业链接技术、废弃物“零排放”技术、有毒有害原材料替代技术、回收处理技术、绿色再制造技术以及可再生能源开发利用技术等。

4. 建立环境保护责任制和监管体系

加强对环保与矿产资源保护的统一监管和部门间的协调，要改革理顺环境管理体制，强化资源富集区环保工作的统一立法、统一规划、统一监管。增强基层政府的生态环境管理能力，逐步建立对生态安全的各种有效监控体系。发生重大生态问题的，要追究相关责任。强化对排污单位的监督管理，严格控制污染物排放总量，要实施排污许可证制度，将排污指标分解落实到排污单位。尽快建立生态环境预警制度，对地区的经济社会发展、资源开发、民众素质、工业及生活污染、气候变化等及时做出监测和预警。

第三节　广西资源保护型与扩大型的产业发展

一、直接产生资源节约效益的产业

这类产业以生态效益为产出目标，主要着眼点在于维护生态环境中的基本资源（水、土、植被），弥补已被损害的基本资源。有的也有经济效益，其产品（劳务）价值要在市场上实现，产出成果直接进入国民生产总值；有的基本没有经济效益，其产品（劳务）不进入市场，产出成果也不计入国民生产总值，但应计入“绿色 GDP”。

1. 环保产业

狭义的环保产业即工业领域内的环保产业，该产业提供专门的技术、设备、生产性劳务，用于治理企业排出的“三废”（废水、废气、废渣）。它有提供产品、提供技术服务、提供综合效果三种方式：①生产高效节能、先进环保和资源循环利用技术装备及产品。从市场角度看应当视为工业发展的朝阳产业，随着中国降耗减排的标准不断提高，环保产业大有可为，广西要抓住市场机遇。其中，节能技术与设备、生产污染防治技术与设备、环保监测仪器设备、工业废弃物回收再生技术与设备，都是广大企业急需得到的，市场正在扩张当中。②专门从事工业生产的污染治理，从产品开发设计、企业生产流程安排、清洁生产技术的采用、治污方案的咨询等，都可由这类企业承包。③开展城镇垃圾资源化处理。这要吸收全国的经验，根据本地气候、水文条件，创建有广西特色的垃圾处理厂，并与另一类“绿色产品”——有机肥料生产相结合，跟垃圾分类相配套，力求降低成本、增加收益。政府在投资环节上扶持环保产品生产，在企业购买环节上补贴企业防治污染，都是出口生产的“绿箱补贴"，不受"反补贴"制裁。

发展这类产业要加快环保重点工程建设，推动降耗技术研究，研发和推广新型高效降耗工艺、废水零排放工艺和余热发电技术，以及新型建材和建筑节能综合技术。加强尾矿、尾气、废渣、废水、废液综合利用技术研发。开展节材环保服务，促进企业之间环保合同管理。

2. 植被产业

该产业即通俗所说的种草种树，它的产出会形成国土上更大面积的植被。该产业不同于园林农业，它的产出不进入市场，而园林农业的草和树以及花卉是可以卖钱的。广西发展植被产业要有计划、有步骤地开展造林绿化工程，搞好山区、江河防护、沿海防护、自然保护区、石漠化治理等生态林工程的建设，实现河流水域环境保护、培育水源、治理水土流失、减轻或防止洪涝灾害等生态目标。争取消灭既不能作为建筑用途，又无开发产业的纯粹光秃秃的山岭。在广西 2004 年的《关于实现林业跨越式发展决定》中，列举了林业六大生态工程，分别为森林生态效益补偿、退耕还林、珠江与海岸防护、野生动植物自然保护区建设、石漠化治理、农村生态能源。这项建设仍要持续，争取进一步提高工程方案设计水平，努力开发造林的科学技术。植被产业首先是为取得生态效益而发展，但客观上为旅游业提供着正面收益，也为防灾减灾减少收益损失。综合考虑生态效益与经济效益，就要将旅游收益、防灾减灾投入、生物资源保存收益、林下种养收益与造林成本联系起来核算。

植被产业需要社会量其财力来大力发展。从农民个体，到国有大农场、林场、养殖场，均可以在相应政策支持下发展这一产业。

3. 水利产业

水利产业是国土建设最重要的部分（国土建设包括绿化国土、水利、水土保持、耕地改良等），这类建设从新中国成立以来一向很受重视，唯有市场经济发展之初，由于缺乏战略眼光与生态经济观念，眼睛只盯在市场带来的短期效应上才被忽略。现在要重新认识国土建设的生态经济价值，要在科技发展、管理提升的基础上审视广西区域性的国土建设，将社会动员与科学指导结合起来。

广西现有病、险水库多，包括渠道支系等都配套不完善，水利利用系数仅为0.40，比全国平均的0.43低0.03。水库、山塘蓄水能力严重不足，灌区设施破损，渠道淤塞，泵站电机老化，灌溉面积低于历史最好水平的1977年。这些问题都要在发展中解决。

通过兴建水利工程，对江河水资源与降雨而来的水资源起到调节、汇集与合理分配的作用，用于灌溉、航运、供水等多种用途。它的产出就是可供水，可以在投入产出上多方面应用经济杠杆，但不应商品化。适当地收水费是为了促进珍惜用水或分担成本等目的，总体上不具有以经济效益为产出目标那一类产业的特征。当然，在水库中养鱼来增加经济收益也不错。

广西发展这项产业的任务，是要构建完善的防洪减灾、水资源供给、水资源利用和水环境保护四大保障体系。具体为：①完善江河流域防洪工程、城市城镇防洪堤工程、重点海堤标准化建设工程、河道疏浚工程。②完善灌区配套工程、水库与干渠维修与改进工程、供水调水工程、节水灌溉工程等。统筹水库水渠建设，统筹居民供水、旅游区江河保水与农田水利三类需要，全面规划水利工程。开展重点产业区调水工程建设、旅游区补水工程建设、城市引水工程。③开展江河航道整治与中小水电工程（大型水电工程直接作为能源产业来考虑）。通盘筹划蓄水、调水、灌溉、航运、水力发电等工程的建设、更新和完善配套。④有步骤地开展水源保护工程、水土流失治理工程、重点流域水系治理。首先要对生态遭受破坏的水域进行治理，对广西一批江河流域、库区和近海开展污染综合治理、土壤污染综合治理、污水垃圾处理设施。

广西大面积的石山地区都依靠开展集雨工程来应对缺水，在一定程度上解决山区人畜饮水与旱地灌溉的水源供给，并在每年降雨时间分布很不均匀的自然条件下利用水资源。河池、百色等干旱山区已建造的几十万个地头水柜成为石山地区特有的水利工程。今后对于这项建设，一是要提高水柜建设的集约化水平，提高小水柜建设的科学设计与技术施工水平。二是除了继续建造适合农村家庭经营模式的“地头水柜”，由农户自建、自有、自管、自用之外，还要开拓多种类型的集雨工程，大、中、小集雨水柜并存，地头水柜与冲积处的山塘、水库并用，分散建造与集中建设并举，集雨防旱与防洪、治理水土流失兼顾。调动农户家庭积极性与动员村、屯、弄场集体力量相配合。集雨工程要在重塑农村“双层经营”经济体制背景下进行升级。超越家庭自建自用的村、乡水柜，必须要有可行的资产管理、用水分配制度建设，集中供水与家庭自用相结合。

发展水利产业不光是工程建设与维护问题，制度建设也很重要。当中的职能机构、权限、管理关系、经费征收、经费发放、人员编制、办公用房、职工福利、设施维修的安排、工程建设的启动、水库养殖（如水库承包出去后如何处理有关事项）、公益事业，这些问题解决得越好，水利产业的生命力才越强。

二、在扩大自然资源利用广度与深度基础上的新兴产业

1. 再生能源产业

广西化石能源匮乏，煤炭、石油、天然气供给不足长期困扰着广西的产业发展。再生能源包括水电与新能源，这项绿色产业的发展可以在很大程度上降低广西工业化发展当中非再生能源的比重，减少对环境造成的负荷。

（1）深度开发水电。

水电是广西主要的再生能源，长期被寄予最大希望，但开发余地仍然不能满足未来的经济发展。至今广西已建成龙滩等 9 座红水河梯级水电站，占规划开发建设梯级水电站数的 9/10。仅次于三峡水电站的龙滩水电站建成后，广西成为国家“西电东送”的重要基地。水能资源开发

程度已超过80%，主要江河上具有开发经济性的大中型水电开发容量达到全区经济可开发容量的85%左右。水电资源进入深度开发的阶段，今后要更多转向因地制宜地发展中小型水电，最为关键的是加强对现有水电站的技术改造，提高水电装机的出电能力与调节能力。

（2）将新能源产业作为生态型的新兴战略产业。

生态型的新能源产业是发展低碳经济、走向生态文明的突破口。从长远看，人类社会必然要以"绿色能源"逐步替代"黑色能源"，也就是用生物质能源替代化石能源。

新能源主要是生物质能、风能、太阳能等几类。通常选择海岸、高山等风力强、无遮挡的地方作为风能、太阳能的发电基地。发展新能源产业是广西必要的超前战略计划，在风能、太阳能产业上要力争跟上全国发展的步伐，不要在起跑线上相近而在发展多年以后又落在先进地区后面。需要努力建立起完备的新能源工业体系，增强自主研发能力，提高相关设备的制造技术水平，开发新能源应用技术，降低新能源生产成本，解决新能源产业化、社会化生产中的成本制约，完善技术服务保障，引进和培养新能源产业方面的尖端人才，在管理体制上解决新能源接入电网的各种问题，注重智能电网建设。政府应将发展新能源列入议事日程，制定科学的发展规划，做出相应的项目安排、行动方案，解决资金供应渠道，落实好对新能源产业化的扶持政策与规范制度。依靠高效率、低成本的新能源开发应用技术，解决新能源产业化、社会化生产中的成本制约问题。

在新能源产业发展中，广西的生物质能源包括生物柴油加工、能源酒精、蔗渣发电，这类能源的发展要走在全国前列。统计资料显示，广西目前每年可供8800万吨沼液、沼渣优质有机肥料，为农民增支节约50亿元。全区已有1400万农民直接受益[①]。据专家测算，广西可用于生产

① 曾广宇、李金怀、魏世清等：《广西农村沼气建设的做法与经验》，《广西林业科学》2011年第1期，第72页。

生物燃气的生物资源折合当量，沼气约40亿立方米，折合天然气24亿立方米，相当于广西2009年天然气消耗量的20倍。发展广西生物质能源的原料来自非粮食作物：甘蔗和木薯。甘蔗是生产生物质能的主力军，广西拥有全国最大的甘蔗种植面积，产量占中国甘蔗产量的65%左右。木薯种植适合广西丘陵坡地山地多的特点，在贫瘠土地上就可生长，没有与农业抢地抢粮食的问题。2012年广西木薯种植面积237.5千公顷，占全国的70%；产量180.33万吨，占中国木薯产量逾75%①。

在产业发展规划中加强燃料乙醇、产业沼气、生物发电、颗粒燃料等生物能源生产及应用项目的建设。生物质能源开发尚在探索阶段，广西发展生物质能源产业也还在起步中，以木薯、甘蔗为原料生产酒精的企业或车间有一百多家，在北海投产的木薯淀粉燃料乙醇年产就有约20万吨，其他项目正在建设。以石栗树为品种的生物柴油能源林建设工程也已启动，广西是全国第一个使用非粮车用燃料乙醇的省份。现在，广西要克服制约生物质能源生产的两大障碍，一是成本，二是燃料酒精的利用②。今后要在生物质能源产业发展规划中更多地开发甘蔗和木薯燃料乙醇、酒精生产，生产生物柴油、生物固体颗粒燃料、生物质气化燃气等新能源产品。探索试验生物质发电、工业化沼气的产业化方式。在有条件的地区建设秸秆、蔗渣、垃圾发电等生物质能源项目。

2. 结合自然保护发展生物医药产业

实施自然保护与区域功能划分为人类保留了植物、动物的物种资源，同时自然保护需要付出大量机会成本与现实成本，而自然保护带来的经济效益也要善于利用。在生物资源利用基础上发展生物医药产业就是这种利用的主渠道。广西的科技实力无法在化学领域、生物工程领域发展世界或全国先进的医药产业，但凭借优势的生物资源则可以发展世界或

① 李扬瑞：《甘蔗作为生物质能源作物的潜力分析》，《西南农业学报》2006年第4期。
② 中新网：《广西生物质能源产业发展，中国专家“把脉”》，2012年3月24日。

全国先进的生物医药产业。开展珍稀濒危动植物繁育研究，利用广西的中医与壮、瑶等少数民族的传统医药技术资源，大力开展生物医药科技研发与原料药基地建设，就是这类产业发展的必要环节。随着中国医疗、保健事业的生态型发展，生物医药产业的市场将日趋扩大。

广西应发挥中药材资源优势，推动产学研结合，以企业为主体联合广西药用植物园、广西中医药研究院、广西中医药大学等区内外科研单位，大力发展生物医药产业。建立亚热带中药材资源良种培育基地，发展中药材种植。发展现代中药材及饮品加工、中药提取、中成药制造工艺等现代中药技术，开发一批疗效确切的医药创新产品。

3. 基于扩大自然资源开发利用空间发展海洋产业

向海洋要资源，是未来产业发展的大舞台。广西作为中国大陆十个沿海省份之一，不能错失海洋产业发展的机会。在北部湾海域，可发展如下海洋产业：①繁育、养殖海洋生物：对虾、珍珠、贝类和鱼类；②利用海洋生物活性物质、有机物质发展海洋生物医药；③开发海洋生化制品，形成工业用酶、生物材料、精细化工原料等产业，尤其是溴系列制品、苦卤综合利用制品；④开展海水综合利用，发展盐化工和海水化工、海水淡化产业；⑤发展滨海观光旅游、游艇游船活动和休闲渔业；⑥发展海洋可再生能源产业，如建设潮汐电站、研发海流能机组技术、开发应用海洋生物质能。为此，发展海洋高科技、实现科技产业化，是广西一项战略举措。

海洋生物种类繁多，为发展优质食品、药物、生物制品和其他精深加工产品提供了丰富的原料。对于海洋离岸养殖，将在本章第四节专门论述。

三、发展能弥补物质性产业需求的产业

对于物质性产业，主要是工业，在实施资源节约型战略中增强了生态约束与科技约束，客观上抑制了增长速度。而社会对于就业、收入的

需求不断扩大，这就要在一定程度上以发展非物质性产业来弥补。

1. 为生产的服务业

除了交通运输业，服务业多数是能够满足减少物耗能耗的条件而扩大经济总量、就业总量的行业。广西既要在不同行业上扩大规模，又要在服务业内部结构上和在业务水平上进行升级。

（1）对信息技术服务、咨询服务、会展服务等现代服务业，要跟上全国的发展步伐，努力将生产、生活上的服务需求转化为服务业实际发展的动力。这不仅是减少物耗能耗而扩大经济总量的新领域，也将为广西经济发展方式转变提供配套手段。

（2）大力发展直接为绿色制造、循环经济、低碳经济服务的流通业，使“变废为宝”的原则深入社会各个角落。

（3）区位优势是广西物流产业发展的重要依托，要使物流产业成为高效节约型现代物流业，积极推广应用现代物流设施设备、管理、信息技术，改造提升物流产业基础设施、物流组织和运行方式，促进传统物流向网络化、信息化、环保型的现代物流转变。限期淘汰高耗能、高耗水设备，提高物流业能源和水资源利用率。

2. 发展生态型交通业——水运业

交通运输业的生态化，体现在推行“绿色交通”措施上，如交通用能替代、城市公交替代、扩大水运比重等。而水运是既节能又环保的运输方式，虽然在单纯追求经济效益的背景下没有竞争力，但从资源节约的角度看则是值得优选的。

广西内河主航道西江是我国重要的一条水运通道，是珠江最大的水系。珠江航运是我国仅次于长江航运的第二大航运，是运力比较强的一个航运通道。从流域来看，它涵盖了我国的东中西部几个省份，是西南出海的主要水运通道。利用广西的西江黄金水道，形成通江达海的内河大通道，与公路、铁路、航空、海运共同构筑联运体系，各自发挥其特长，为经济发展提供资源节约型的物流服务。要在内河航道、船闸、港口、码头建设上强化规划引导，尽量运用新技术，全面提高运作水平。建设西江的高级航道、高集疏能力的港口、通行量大的船闸、高标准的船舶。同时消除水运发展本身带来的负面环境影响。

从国内外内河航运发展历程以及发展态势来看，内河航运的核心发展特征为“现代化”，即从传统内河航运向现代内河航运的加快转变，这其中包括多个内容，如高等级与标准化、内河航运集装箱化、信息化建设、多式联运以及体现内河航运特有优势的绿色化和低碳化。

建立沿江岸线资源管理系统，健全沿江联动开发协调机制和管理办法。坚持深水深用、浅水浅用，为下一步发展留出空间。沿江工业园区的企业要实行排污总量和排污标准的双重控制，切实保护西江水质安全；编制岸线资源保护、利用、开发的专项规划，减少岸线占用长度，增加腹地利用深度。

3. 发展体现生态型消费的民生产业

满足社会的物质文化消费需求必然耗费资源与损耗环境，但是不同类型的消费造成的损耗大不一样。在走向小康的道路上，要注重从发展生态型消费来重视民生、繁荣经济、解决就业。这类产业有：

（1）旅游业。这是综合性产业，以旅游经济效益为中心，能带动五大产业交通、建筑、文化、服务（餐饮）、园林园艺发展，为五大产业的技术、管理经验、人才找到用武之地。旅游发展依托于发挥丰富的山水、民族风情和历史文化等旅游资源优势，依托原生态风景、原生态民族风俗文化，突出广西“长寿、生态、民族、红色”四大特色，拓展旅游产品生态内涵和外延，有效整合各类资源，做到开发与自然、历史文化遗产保护同步规划、同步实施，大力发展森林旅游、民族风情文化体验游、历史文化旅游、康疗养生和农业休闲旅游等具有特色、竞争力强的生态旅游产品。发展旅游业要力求降低生态消耗，这类消耗发生在景点开发，道路、旅馆、餐饮等服务设施的建设，以及人、车的污染上。为此，许多景点开发要有限制，旅游线路要划定规模，旅游设计要力求符合生态要求。按照生态旅游示范区标准，规划建设一批重点生态旅游区和休闲度假区。加强生态旅游品牌、精品线路、整体形象的系统宣传、推介和促销。打造一批生态旅游品牌，积极发展观光农业。同步发展旅游与城乡园林。在旅游业发展当中应贯彻务实、节约的精神。

（2）医疗保健领域，包括药业（尤其是中药业）、保健系列产品、体育武术、疗养。利用广西石山地区风景秀美、山水纯净的自然生态条件，建设保健养生基地，取得经济与保健卫生“双赢”的效果。广西有很多适合发展养生基地的秀美石山地区，保健养生基地不要只看到巴马一处，过于集中可能就会毁了这个宝地。

（3）家政服务、康复护理、养老事业，将对人们的社会服务水平提升到新水平，建设多元化、社会化、产业化的养老服务体系（“银发”工程）。争取这些产业的消费者有较多的比例来自省外、国外，要看到它的长远市场。

（4）文化产业。民族人文优势是广西发展文化产业的重要依托，广西要进一步发挥、培育这一优势，拓展国内外市场，对国外市场首先要注重与东盟对接。

上述产业结合起来的综合效果，就是增大广西对外地居民的吸引力，吸引一批以生活为目的的人来广西居住。为此要创造交通条件，全面建成出省出市、连接景区的高等级公路铁路，建成一大批国家级景区；通过城镇建设提高城镇形象和接待能力；积极引进各类资金投资旅游、基础设施、酒店、商贸等产业；组建旅游投资管理平台，创新投融资体制，形成整合发展的合力。推动旅游与文化相结合。发挥规划引导作用，推进旅游发展规划和景区详细性规划。

未来10~20年，是我国人口峰值、就业峰值、老龄化峰值叠加的时期，一系列与人口生产、再生产的相关服务产业有待大发展，广西已是一个人口大省。在幼托、老托、医疗、保健、文化等行业，要做到超前策划、及时跟进、注重质量、培育良性发展机制，这些都要通过政府与社会团体、事业单位与服务企业协力推进。而在发展这类产业当中，要充分融入生态文明建设的成果，限期淘汰高耗能、高耗水设备，提高物流业能源和水资源利用率。加快发展社区服务、教育培训、文化体育等需求潜力大的服务行业。

4. 发展直接体现科教兴国战略的产业：科研、教育

各项产业发展都离不开科技发展，离不开科技事业的规模与质量、科技领域的人才支撑。科研单位与教育机构具有内在的联系。广西要根据生态经济产业发展的人才需求量来考虑各相关专业教育的设置与发展规模，但同时要考虑外地院校毕业生来广西的数量，以及本地院校到外地就业的毕业生数量。广西的产业发展对人才的需求量是教育规模与专业设置的主要因素，而广西教育的全国性分工发展也是重要的因素。

除了产业发展的直接需求之外，社会劳动力整体需求条件的上升也要靠教育的发展。义务教育、职业技术教育、高等教育、成人在业教育等都要在规模与质量上提升，教学内容的常态化更新与教学设备的增加都要投入大量人力物力，都是需求拉动的新因素。今后学龄前儿童总量会有所减少，但各类教育规模的扩大将延续一段时期。仅从需求的角度来看，这些都应当放在产业发展中考虑。

从科研机构来说，广西科学院、社会科学院要偏重在战略性研究方面起主力作用，广西区、市级的部门研究机构宜偏重在实际对策性研究方面起主力作用，广西高等院校宜偏重在应用研究方面起主力作用，并以部分力量用于基础研究。为大力推进经济转型发展，需要从实际中产生更多的课题需求与人才需求，无论是科研规模还是教育规模都要扩大，但担负科研与教育职能的单位要提高工作质量。科研与教育作为体现科教兴国战略的产业，提高人才质量是关键，应有官、产、学、研的人才交流与工作合作，使科研、教育领域不至于只产生片面型人才。

第四节 发展高科技、工业化的蓝色农业

一、产业发展的意义

在发展海洋经济中，深海养殖是一个重要的产业发展方向。所谓深海养殖，就是离开沿岸水域，进入深海，构建“安全、高效、生态”的规模化养殖生产平台及物流通道。广西作为沿海省份之一，理所当然要发展这一产业。其意义在于：

（1）随着我国社会经济的发展，食物需求总量将显著增长，食物消费结构将发生根本变化，水产品需求总量将显著上升。我国有限的内陆水土资源将难以担负水产品生产总量持续增长的负荷，开发蓝色国土资源成为必然。这个领域的开发以发展蓝色农业为核心，大力发展水产养殖与放牧型海洋渔业。我国的蓝色农业还处在初级发展阶段，300多万平方公里的海域大多还处在未开发状态，发展蓝色农业的潜力巨大。

（2）我国现有的海水养殖生产方式以沿岸陆基养殖、滩涂养殖和内湾普通网箱养殖为主，但沿岸海域受生态环境恶化、沿岸工程以及过度捕捞的影响，我国近岸海域水质已受到污染，养殖条件恶化，对养殖产品的优质与安全要求构成日益严重的威胁，养殖生产自身的富营养物质排放加剧了环境水域的恶化。海洋水产生物资源总体处于衰竭状态。只有离开沿岸富营养化水域，进入深水、远海，充分利用深海水域优质的水资源，发展养殖生产，耕耘蓝色国土，才能发展新型农牧化蓝色农业。

（3）发展蓝色农业需要发展深海集约化养殖工程。对应远海多变的海洋条件，需要构建规模化的产业链及安全可靠的生产设施，以工业化的生产经营方式发展集约化养殖，包括深海大型网箱设施、大型固定式养

殖平台和大型移动式养殖平台等离岸深海养殖工程。深海大型养殖设施的构建，如同远离大陆的定居型海岛。在我国与一些周边国家领海纠纷突出、海岛海域被侵扰的情势下，发展深海大型养殖设施就是“屯渔戍边”，守望领海，有利于实现海洋水域资源的合理利用与有效开发。

（4）养殖地域向外海发展，体现着社会生产力的质变。当海洋的自然生产力不能满足人类增长与发展的需要时，海洋生产力必然由“狩猎文明”转向“农耕文明”，即由海洋捕捞向海洋养殖转移。可以预期，至2020年，中国海洋养殖的主要领域将在广阔的外海，全面形成面向深海、合理分布于主权海域的海上水产品养殖生产与流通体系，实现海洋渔业由“捕”向“养”的根本性转变，建立领先于世界的工业化蓝色农业生产体系。广西有这样的超前意识将大有好处。

二、产业发展的状况

海水网箱养殖是20世纪70年代末，我国南方海区以养殖出口石斑鱼为目的而发展起来的海水鱼类养殖新模式，优点是单位面积产量高、养殖周期短、饲料转化率高、养殖对象广、规范管理可行、劳动效率与集约化程度高、经济效益显著等。21世纪以前，浅海网箱得到相当程度的发展，成为我国海水鱼类养殖的主要方式。面向远海的离岸深水养殖尚处在探索起步阶段。我国地处太平洋西部，海域分布广阔，沿海海域广受台风的影响，海洋养殖工况面临大风、大浪和强水流的考验。网箱养殖是海洋养殖的主要设施系统，要具有向外海发展的能力。1998年，我国引进HDPE深水抗风浪重力式网箱；2000年以后，国产化大型深水抗风浪网箱的设备制造及养殖的关键技术得到应用，全国深水网箱养殖达503万立方米，养殖产量5.5万吨，养殖海区可到达30米等深线的半开放海域。当前，离岸抗风浪网箱设施系统多种技术还满足不了抗击台风巨浪、保障网箱养殖安全的需要，深水网箱养殖设施系统还不具备远离陆基的条件，需要研发具有迈向远海能力的新一代深海大型网箱。

国外深水网箱养殖已有30多年的发展历程。在这期间，挪威、美国、日本、以色列等国的深水网箱取得极大的成功，引领着海洋养殖设施发展潮流。法国、西班牙、日本发展了养殖工船，用电脑控制养鱼。欧洲渔业委员会建造了半潜式工船。

从发展趋势看，近年来国外网箱装备工程技术进展主要表现为：①网箱容积日趋大型化；②抗风浪能力增强；③新材料新技术广泛应用；④自动化程度高：网箱的自动化养殖管理技术快速发展，如瑞典的FarmOcean网箱可完全不需人工操作；⑤注重环境保护；⑥大力发展网箱配套装置和技术：如工作船、自动监测仪器、自动喂饲系统及其他相关配套设备，形成完整的配套工业及成熟的深海网箱养殖运作管理模式。

我们要顺应未来离岸养殖工程发展趋势，努力争取养殖设施系统大型化，做到规模化深海网箱养殖；养殖环境生态化，增强网箱养殖设施系统对环境生态的调控功能；养殖过程低碳化。充分利用20年来的创新技术，采用风能、太阳能、潮流能和波浪能技术，高效利用洁净、绿色、可再生能源，摆脱网箱动力源依赖石油作为燃料的困境，实现网箱生态、环保养殖。

三、产业发展的措施

总的发展目标是一面加强近海养殖的生态化，一面开拓深海养殖的高技术、规模化发展。

在近海海域，以近海海域生态保护与修复为前提，充分利用现有岛礁环境，构建一批集深水网箱、人工鱼礁、海底藻场为一体的生态工程化海洋牧场，形成规模化的合理分布的近岸蓝色农业产业带。

在远海海域，针对海况特点，以现代海洋工程技术为支撑，远离近岸富营养化水域，发展离岸养殖设施。通过研发大型深海网箱，构建依托原钻井平台或适宜岛屿的深海养殖基站，发展一批大型养殖网箱，开展以区域性特定品种为主的规模化养殖生产。形成具有开发南海海域资源、守护海疆功能的渔业生产基地。

发展措施有以下几个要点：

（1）构建设施装备安全可靠的深海生态工程化网箱养殖设施系统，使其能全面适应海洋工况的特殊要求，具备走出湾区，走入深海的能力，保障人身安全及创造适宜的生产环境。

（2）构建具备生产控制、环境预报、科学管理等功能的信息系统，完善的养殖生产与流通体系、相当的生产规模、完备的机械化信息化装备系统及工业化管理模式，实现高效生产和提升生产效益。

（3）创造良好的养殖环境，控制病害，实现生态化养殖与环境友好。结合人工鱼礁、海底人工藻场构建技术，建立区域性海流可控、自净能力增强、牧养结合的生态工程化海洋牧场。

（4）应用现代海洋工程技术，研发大型深海网箱，利用岛屿或原海洋钻井平台，建立深海养殖基站；研发具有深海抗风浪及抵御特殊海况性能的新型抗风浪网箱，构建以海洋基站为核心的规模化网箱设施养殖系统。

（5）以现代船舶工业技术为支撑，应用陆基工厂化养殖技术，研发海上集约化生产的养殖工船，以及将老旧大型船舶改造成大型海上养鱼工船与专业化辅助船舶。构建游弋式海上渔业生产与流通平台，使其具有能选择适宜水温和优良水质条件的海区开展养殖生产、可躲避恶劣海况与海域污染的大型海上养鱼工厂，集成鱼养殖、苗种繁育、饲料加工、物资补给、海上中转与初加工、渔货冷藏冷冻等功能于一体的远海渔业生产、流通基地。

（6）产业配套措施，包括以下几个方面：①科技发展，加强技术创新与系统集成研究。按照进入深海，构建符合“安全、高效、生态”要求，开展集约化、规模化海上养殖生产体系的发展定位，以近海生态工程化网箱设施系统、深海网箱养殖基站、海上养鱼工船为重点，通过技术研发与集成创新，提升深水抗风浪网箱设施的整体性能，形成开放性海域深水网箱设施生态工程化构建技术体系；突破深海大型网箱设施结构工程技术，形成深海养殖基站构建技术体系；研发专业化游弋式海上养殖平台，建立养鱼工船技术体系；研发机械化、信息化关键装备，形成为海上集约化、规模化养殖全面配套的装备技术。通过集成示范，不断完善技术体系，构建技术规范，形成较为完善的深海养殖设施技术体系与装备配套企业群，不断推进海上养殖设施向深水、远海发展。②加强跨省合作，引导大型企业介入海洋渔业。③建立积极的扶持政策与财政专项政策，大力推进工业化的海上养殖生产。

第六章

资源节约型战略机制的塑造

第一节　促进生态经济发展的政府职能

一、政府责任与职能

本章中的“政府”是广义上的，包括人们通常说的“四大班子”中的党委、政府、人大以及司法部门，为行文方便用一个概念。

1. 政府行使职能的制度安排

实施资源节约型战略是构建生态经济发展的途径，政府在促进生态经济发展中的责任落实在实施资源节约型战略上，就需要统筹规划、合理布局，因地制宜、注重实效，政府推动、市场引导，企业实施、公众参与。

政府主要通过法律、行政、经济等手段施行促进生态经济发展的各类职能。政府在施政的过程中要避免缺位、越位和错位，该由市场管理的交给市场，该由社会管理的交给社会，政府发挥好自己应有的作用。当前，能解决保障生态经济发展的法律和经济制度尚不完善，技术支撑体系及政策激励体系有待优化，企业认知、公众观念乃至政府绩效标准有待纠正，环境保护部门的经济技术评价和监督体系有效性等问题。

具体而言，国家权力部门应制定符合生态经济发展要求的法律法规；政府综合管理部门应编制生态经济发展规划，政府职能部门要制定一系列的政策，充分运用经济、法律、行政等方式规范生态经济的运行；强化政府监管和企业社会责任，为发展生态经济提供保障。

政府在生态经济发展中主要承担倡导者、规范者和监督者的责任。政府职能的依据在于以下方面：

（1）生态经济外部性治理的需要。生态经济不仅产生经济效益，而且带来巨大的社会效益与生态效益，具有对资源和环境的正外部性，需要政府干预。政府干预的目标是将生态经济的外部性问题内部化，再通过市场经济体制促进资源节约型战略的实施。

（2）有效市场与有为政府的要求。当前我国经济改革的核心是处理好政府与市场的关系，使市场在资源配置中起决定性作用，并更好地发挥政府作用，避免和克服政府行为的缺位、越位、错位。政府职能在于为保持经济持续健康发展创造良好的环境和条件。资源节约型战略的实施正是符合转变经济发展方式要求的手段，需要政府的推动。

政府行使职能的方式是制度安排，这里所谓的制度，是借用西方经济学概念，指规则的集合。规则可以通过不同方式出台，如政府的规划、法律法规、政策。统筹性的社会规划、规制性的法律法规及调节性的经济政策，就是政府行使职能的三类主要的制度安排。这些制度安排为我国生态经济发展提供行为约束、行动指南、运行激励和科技推动，并且有助于公众认识的提高。

政府在实施资源节约型战略中必须要发挥顶层规划、法律规制、政策支持三大功能。统筹性的社会规划为生态经济提出了优化的产业布局，规制性的法律法规为生态经济创造了良好的社会环境，而调节性的经济政策为生态经济提供了自发的运行动力。各类政府职能从制度安排的各个具体层面作用于社会经济，促进生态经济的发展。市场无法有效地提供这种功能。正确处理政府和市场的分工合作，做到政府既不越位又不缺位，就能使政府发挥好这三大功能。下面对这三大功能做详细介绍。

（1）所谓顶层规划，既包括通盘的战略规划，又包括具有实际操作意义的各个领域（如国土开发、产业发展、城市建设、乡村建设等）的规划。规划有具体的目标，有综合配套工作规划、具有可操作性的工作要点、相关的负责部门、可实施操作的实施方案。其中，发展循环经济、构建资源节约型的产业体系是重点内容。生态经济社会规划是政府对社会经济发展的组织、管理和统筹，将生态经济理念贯穿于各类经济规划、国土规划、城市规划及城乡建设的各个层面，旨在有效地引导和促进资源节约型战略的推行。发展规划能促进跨行政区域的生态经济协调机制得以建立，合理的考核、统计、监测和评估得以完善。

组织编制资源节约型的专项工作规划，根据生态经济的特征要求，丰富和完善规划内容，把任务落实到具体工程项目和行动计划中。

政府制定关于生态经济的发展规划，作为纲领性文件和推进生态经济产业发展、项目建设和制订扶持政策的重要依据。2012 年年底，国务院通过了《“十二五”循环经济发展规划》；2013 年年初，国务院印发了《循环经济发展战略及近期行动计划》。地方政府也因地制宜地出台了具体的发展规划和实施方案。例如，广西壮族自治区人民政府在 2011 年 8 月制定了节水型社会建设“十二五”规划；2013 年年初印发了《广西循环经济发展“十二五”规划》；2014 年年初印发了《广西循环经济发展实施方案》。

（2）法律规制包括两类：一类是法律，由人大制订颁布，“两院”负责执行；另一类是法规，由政府行政部门制定、执行。一般来说，法律能从对人的行为禁止中取得维护战略目标的效果，法规能从指导相关办事者的行动中达到推动战略实施的效果。总体而言，政府就是要建设一个能够兼容市场机制的法制环境。在资源节约型战略的推行中，通过法律规章对社会经济活动给予指导、鼓励、帮助和服务。生态经济要贯彻于实际经济生活，要以法律制度作为保障才能健康运行。例如，地方性法规管控排污标准，促进资源回收与再利用的行动。

2008 年颁布的《中华人民共和国循环经济促进法》为生态经济发展提供了基本的法律保障。之后出台的《中华人民共和国清洁生产促进法》《中华人民共和国可再生能源法》《中华人民共和国环境影响评价法》《排污费征收使用管理条例》《环境行政处罚办法》《城镇排水与污水处理条例》等一系列综合性或具体的法律规章制度都是围绕生态经济发展的实施规则。

（3）经济调节政策是政府通过经济手段，调整资源利用中与顶层规划不相适应的部分，并通过市场经济机制完成资源节约型战略的实施。

政府出台一系列有利于促进生态经济运行的经济政策，能够借以激励经济主体从事资源节约型经济生产活动。一是实施财政信贷鼓励政策：实行税收抵免和差别税率，实行政府绿色采购和基础设施投资，实行信贷优惠，实行针对产品品质的补贴、奖励和处罚等政策。二是实施资源环境有偿使用政策：完善资源价格改革，推行排污收费及排污权交易制度，建立环境绿色标识制度等。三是实施经济主体相关责任政策：建立健全生产者责任延伸制度、消费者责任延伸制度、政府领导干部目标责任制度等。

三类政府职能相互配合、共同发力，以促进生态经济的发展。

2. 政府行使职能的着力要点

（1）对生态经济发展的方向指引。近十年来，中国政府加强了对促进生态经济的重视。中共十六届五中全会明确提出“大力发展循环经济，完善再生资源回收利用体系”的方针。2005 年颁布《国务院关于加快发展循环经济的若干意见》，将循环经济发展纳入国家发展战略。2006 年 9 月颁布《静脉产业类生态工业园区标准（试行）》（HJ/T275—2006），标志着中国静脉产业作为一门独立产业的真正发展。2007 年 4 月，国务院下发《节能减排综合性工作方案》。国家发展改革委员会于 2007 年采取八项措施强化节能减排工作。政府的不同层面都体现了旨在促进生态经济发展的政府职能，在制度安排、运行激励、科技推动与认识提高几个方面都有实际措施。

（2）对生态经济发展的社会行动。政府制定了一系列有利于促进生态经济发展的公共政策，提高了社会对生态经济的社会行动力度主要有以下公共政策：①制定了企业清洁生产标准，环境质量评价标准，产品、包装物及废弃物的使用规定，从生产、流通和消费各个环节提高公众节约资源与保护环境的意识。②组织开展了循环经济示范园区、示范城市、示范省、城市矿产等活动，大力宣传循环经济发展模式。③搭建了生态经济信息平台，如中国可持续发展研究网、中国绿色发展网、中国生态经济网、中国环境网、中国环境保护网、中国循环经济产业网、中华循环经济网等；并批准成立了生态经济的学术团体与中介组织，如中国生态经济学会、中国环境科学学会、中国环境保护协会、中国循环经济协会、中国再生资源回收利用协会等。这些平台与组织有效地促进了生态经济的信息共享与中介服务。

（3）对生态经济发展的科技推动。政府制定了一系列有利于促进生态经济发展的科技政策。一是完善技术支撑体系：加大资源节约型经济的技术创新研究，推广包括清洁生产技术、废弃物资源化技术及环境工程技术等在内的绿色技术体系，推动资源节约型技术水平的提升。二是建立环境管理体系：运用环境管理工具，开展清洁生产审计、产品生态设计、生命周期评价、环境管理会计等，推动资源节约型经济的考核评价科学发展。三是推行生态经济产业园政策：设立生态工业园区、生态农业园区、再生资源产业园区等各类经济园区，促进资源节约型战略的经济效益增长。

二、政府职能促进生态经济发展的目标与功能

生态经济形态需要政府职能为之服务，政府在施政原则的指引下要

对生态经济的发展进行一系列的职能实践。政府政策对生态经济发展的促进作用取决于政府职能的目标、功能与效果。

1. 政府职能的总体目标

由于贯彻生态经济本身的正外部性及现有市场体系的缺陷，政府施政的要求是将生态经济的外部性问题内部化，并通过市场经济体制实现生态经济。那么，政府的制度安排应符合市场经济的基本运行机制，即竞争机制、供求机制、价格机制。而生态经济的宗旨是节约资源、保护环境，这就需要减少原生资源的消耗，加快再生资源的利用。因此，政府职能促进生态经济发展的总体目标，就是用制度安排来构建相应的运行机制，通过市场机制的调节作用使再生资源得到优先利用，使原生资源得以减量使用和重复利用。政府职能通过影响资源的价格来调节循环经济的运行。

2. 政府职能的规范约束功能

企业与生产者的经济利益在于投入和产出，不在于环境和资源，环境与资源联结的是社会利益。政府的职能是保护所有企业与生产者的正当经济利益，更要保护社会利益。在这之间有个约束企业与生产者的经济利益不侵害社会利益的职能行使。为此，要对资源开采进行监管，防止乱采滥伐；要建立健全环境保护、污染控制、清洁生产、循环经济、生态建设的规章和标准体系，发挥立法工作在生态经济发展中的引导、约束和保障作用；加强环境保护执法工作，增强环境执法监督，强化环境执法后的督察工作，对存在重大安全隐患的高危污染源进行环境影响后评估；探索建立离任生态审计制度、绿色国民经济核算制度、各类资源有偿使用制度、生态补偿制度、排污权交易制度、环境污染责任保险制度、绿色信贷制度、落后产能退出政策；制定、实施资源能源利用效率和污染物排放限制等方面的准入制度。

3. 政府职能的调节功能

政府职能对原生资源和再生资源使用量的调节功能是通过市场机制

实现的。政府职能通过制度安排为市场机制保障良好的运行环境，通过经济政策为市场机制提供了运行激励、通过科技推动为市场机制提供了技术支撑、通过社会行动为市场机制强化公众参与。市场机制通过资源的供求、竞争最终会反映到资源的价格上。因此，政府职能通过影响资源的价格调节循环经济的运行。

具体而言，政府职能会提高原生资源的价格，降低再生资源的价格有利于促进资源节约型经济发展；反之不利于促进资源节约。政府职能可以对原生资源价格合理提高，对再生资源价格合理降低，有利于促进循环经济发展。仅从企业生产的资源利用成本上考虑，政府职能调节作用的临界点是再生资源价格低于原生资源价格，该情形时企业会优先选择再生资源。

总之，要通过完善落实相关经济政策，研究制定体现资源环境成本的价格和收费政策，完善城市污水、生活垃圾、危险废物、放射性废物集中处置收费制度，适当提高排污费征收标准。

政府职能对资源价格的调节功能是对循环经济外部性问题中产生的，是将循环经济的外部效益内部化为经济效益。随着资源和环境产权的清晰和市场体系的不断完善，政府职能应逐步减少对循环经济的操作。

三、政府的工作作风与效能

有了制度安排后，规划、法律法规、政策都要人去执行。政府的工作作风关系到履行其职责的效能。

1. 广西执行国务院节能减排的“专项行动”

国务院下达的节能减排任务，不仅是上级的部署，也对广西自身经济发展具有保护环境与节约能源的双重意义。自治区政府（广义）对此高度重视，开展了“专项行动”。采取日常检查、专项督察、挂牌督办、预警调控、通报批评、区域限批以及约谈等行之有效的减排机制和管理模式，促进结构减排、工程减排和管理减排工作落实。

这一持续开展的节能减排专项行动主要包括，自治区政府编制污染减排预警调控工作方案，采取污染物总量控制的倒逼机制，以排放总量目标控制为基本要求，将控制量分解落实到重点行业重点企业，采取有效措施，实施上下联动、适时监控，切实控制污染物排放量。

在行动中，自治区政府严格督察问责，抓好重点行业污染减排，对全区各市所有污染减排计划项目建设及运行情况进行督察，开展全区污染减排大规模督察工作。同时，着力推进重点领域、行业和重点企业的减排工程建设，落实所投入资金开展减排工程项目。

2. 落实社会主义新农村建设工作

如果说，执行国务院节能减排的“专项行动”发生在领导力量集中的领域，针对的是容易到达、信息透明的大单位，那么建设社会主义新农村，发展生态农业、生态乡村的工作，就完全是另外的条件了，在这样的条件下如何才能增强工作效能？

社会主义新农村建设并不属于资源节约性战略中的内容，但是对于总体上高效利用与拓展资源来说，新农村建设很重要。在此项建设中，建议结合落实领导干部的“三严三实”，干部定期下乡村，并做以下六件事：①耳闻。事先通告，接受基层干部与群众的来访，听取他们反映情况，负责下情上达，并承诺下次来时反馈处理意见。②眼观。检查乡村生产生活面貌，若发现土地丢荒、住房危险、儿童游荡、垃圾乱放、荒山秃岭、废水污染、水利荒废、道路破烂等情况，要记录下来，回到机关统筹解决。每个下乡干部要记好检查记录。不强求一段时间内全部解决，但要求每次下乡检查完全记录。③走访特约的干部、群众，包括老党员、老基层干部、曾经到政府机关反映相关问题的群众。④了解参观乡村的各类生产基地，使之对该农村的生产状况尤其是生态经济状况心中有数。⑤走访特定的家庭，如孤寡老人、留守儿童多的农户。⑥与模范典型会面，询问经验与要求、有无困难，听取意见。在这些基础上，逐一落实市县乡下达到村的各类规划。

第二节　资源节约型战略的各类机制

一、政府规划机制的塑造

1. 产业发展规划的改进

实施资源节约型发展战略，最重要的战略机制是产业发展规划。要将经济发展的绿色转型纳入全区的国民经济和社会发展规划，贯穿于经济社会发展全过程。这包括全局与局部的统一、分级的建设规划。各市的发展规划要相应配合，成为整个规划的组成部分。制订当前规划，要重视以下原来的基础：①多年来贯彻经济增长方式转变的方针，有越来越多的粗放型增长转变为集约型增长，在生产要素质量、结构与使用效率方面的转型已有所收益，应当继续增强经济增长方式转变的措施，克服不足之处。②早已开始的新型工业化道路使广西的信息产业得到了长足发展，而在跟随全国开展循环经济、低碳经济的努力当中，广西产业生态化也有不少可观的成就。应当继续这方面的创新发展，增强前瞻思维，按科学合理的预期做好产业发展规划。③在科学发展观指导下，广西全区注重城乡、区域、经济与社会、对内与对外、人与自然之间的五个统筹发展，力争实现“全面、协调、可持续”的发展状态也有所改进，应当继续增强自觉性。上述基础也反映在广西第十次党代会决议、广西“十二五”发展规划（包括广西战略性新兴产业发展“十二五”规划）当中。本书提出的战略机制，一方面继承上述基础，另一方面强调在产业规划中要有如下改进：

在调查研究的基础上，紧抓资源节约这个主题，将经济与产业发展的绿色转型赋予更多的资源节约、资源拓展内容，以六大发展新理念为纲要，做到以下内容：①创新。开通深海养殖的发展之路。②协调。建立“城市—乡镇—农村”三级资源节约规划体系。特别是要结合乡镇及广大农村地区实际，加快中心城区供水、污水处理、垃圾收集处理等专项规划向周边乡镇、农村延伸。③绿色。“生态农业—静脉产业—有机肥生产”三位一体。④共享。石山地区扶贫取得成功。⑤开放。更好地通过互利共赢的合作来利用世界各国，尤其是东南亚与南亚的资源与市场。

2. 发展目标上提升生态经济指标的地位

广西设定追赶目标要有所选择，在传统的经济统计指标上（如 GDP、人均 GDP、工业化率、城镇化率），不宜特意追求全国先进水平，应留出绿色发展上努力的空间。而体现生态经济的指标，应优先追赶全国先进水平，主要有以下指标：①产业上的节能减排指标。②环境质量指标：包括城市空气质量、地表水（主要江河和近岸海域）的水质。③基本资源指标：包括常用耕地保有率、森林覆盖率等。④生态建设水平指标：包括城市污水集中处理率和垃圾无害化处理率、农村沼气入户率。⑤直接带来生态效益的经济指标：新能源使用比例。在广西各区域的对比中加入绿色 GDP，扣减自然资产损失后形成的国内生产总值。

上述指标虽不能直接带来 GDP 的增加，但它们直接体现经济发展的最终目的：为了人民的幸福，为了人民的身体健康、生活质量。这些指标的提升与优化，还能够缓解经济发展的生态制约，有利于解决经济发展中遇到的资源供给、自然灾害破坏这一类重大问题，使经济发展更顺利。

3. 在赶超上优选资源综合利用水平指标

广西不宜盲目追求直接反映工业化规模水平（如体现工业化中期结构内容的重化工业生产总值）的指标，而对于反映工业化生态经济质量的资源综合利用水平指标，则要努力追赶全国先进水平，要有不达目的绝不罢休的精神状态。这个原则要反映到规划中。以节能减排指标为例，达到这类指标的先进水平，涉及能源结构、生产技术、环保产业。要围绕节能减排目标设计产业发展规划的不同方案，与其他经济技术指标相对照，汇集各种减排措施，对结构、技术、投资、环保标准等进行优选，选择既能承受又坚决推进节能减排的产业发展规划。比如调整能源结构，就牵动发展新能源、优化用能结构、淘汰落后产能、发展低耗能的产业以弥补经济增长中的放弃高耗能产业的机会等多方面选项，许多选项要综合考虑必要性、可行性与成本收益核算。

如果广西在经济发展上取得以下三方面的结果：一是在资源依托上降低对矿产资源的依赖，产业结构上减少资源密集型工业的比例（这类产业容易使单位 GDP 能耗与单位工业增加值能耗更高）。二是在传统产业高新技术化与高新技术产业化上有更大的成就。三是各个产业原有的资源综合利用技术越来越先进。那么，广西工业的资源综合利用水平将进一步提高，在中国内陆 31 个省、市、自治区中的能源消耗指标的排位就会位于前列。

从全国来看，广西一些重点行业产品单耗明显高于全国水平，通过对比 2010 年全国单位产品能耗表，广西统计的 51 种产品单耗中有 29 种产品单耗高于全国，其中幅度高于 50%以上的就有原油加工单位综合能耗、单位粗铜综合能耗、机制纸及纸板综合能耗、生产平板玻璃能耗。这些生产行业需要从差距中找出具体原因、问题与资源减量化对策，通过设备改造、技术更新、工艺创新、管理改进，有期限地不断缩小与全国平均水平的差距。

二、政府管理机制的塑造

1. 切实加强资源节约型的组织领导

实施资源节约型战略是广西生态经济发展的长期战略任务，也是一项复杂的社会系统工程。自治区政府与各市各部门要从战略高度，充分认识资源节约对生态经济发展的重要性、紧迫性，切实把实施此项战略列入重要议事日程。建立政府主要领导亲自抓、负总责，分管领导具体抓，相关部门联动的领导机制。应建立实施资源节约型战略的领导机构和工作机构，两个机构基本是“两块牌子，一套人马”，区别在于领导机构由自治区政府领导负责，而工作机构设在政府的发改委内。切实发挥两个机构对全区资源节约型战略的统筹、协调、指导作用，确保各项工作部署落到实处。督促全区各市各成员单位建立信息定期报送制度，联合编发《广西生态经济发展中资源节约型情况简报》（以下简称《情况简报》），及时将《情况简报》分送给自治区领导，为自治区党委、政府了解情况提供决策参考。

2. 完善科学民主决策机制

（1）成立生态经济专家咨询委员会。委员会由区内外从事生态经济、产业经济、自然科学、工程技术社会学及相关领域工作的专家组成，采取相关部门或所在单位推荐和专家提名相结合的方式确定候选委员，区发改委负责组织遴选工作，拟定委员名单，报自治区主席审定，审核批准后颁发聘任证书。设主任委员 1 名、副主任委员若干名，成员约 100 人，任期 3 年，期间专家咨询委员会根据需要增聘委员，增聘名额和人选由专家咨询委员会提请区政府批准。重大决策充分听取专家意见。

（2）进一步完善环境与发展综合决策机制，积极推进规划环评、战略环评、政策环评。在城市规划建设、资源开发利用、重大产业布局等重大决策过程中，优先考虑生态环境的承载能力，充分评估可能产生的环境影响，避免决策失误对生态环境造成破坏。健全重大事项决策协商和协调机制、公众参与机制及专家咨询机制，完善信息公布制度，定期发布经济发展的绿色转型进展成效评价信息，接受社会公众监督。

（3）建立政府研究资源节约与循环经济发展的专题会制度，从宏观上把握广西全区循环经济发展与节约资源、节约能源协调发展的进程，全面推进资源节约型战略的开展。

3. 梳理改进考评制度

考评制度总体分为绩效考评与责任考评。这两类考评在广西已经有多项，需要进行梳理，将分类明确区别开来，避免重复交叉，又要不留遗漏，同时跟随认识提高与要求进一步完善。

（1）绩效考核包括地区与单位。借鉴外地先进理念和成功经验，结合广西实际，在广西制订的有关生态文明建设或经济发展绿色转型的指标评价办法中，注意增加资源节约型的相关目标任务，并分解落实到各级、各部门、各单位，相关指标纳入各级党政领导班子和领导干部综合考核评价体系和离任审计范围，考评结果作为干部任免的重要依据，通过强化督察和考核，促进形成分级负责、逐级推进、上下共同努力的工作格局。

完善上述政绩考核的具体做法和评价标准，充分发挥政绩考核机制“方向标”的作用，引导领导干部正确处理经济社会发展与保护资源、保护环境的关系，以降低行政成本、减少施政代价、提高施政绩效，努力实现执政理念的根本性转变。

在绩效考核中，各项目标任务完成情况与财政转移支付、生态补偿等资金安排挂钩，与各类评优创先挂钩。对经济发展的绿色转型工作中做出突出贡献的单位和个人给予表彰奖励，对工作推进不力、完不成目标任务的，要分析原因，其中如有工作不力或决策失误的，对其相关责任人作出能力、水平与态度方面的相关评价。

（2）责任考核主要是生态环境保护的指标，在资源节约方面主要是节能减排等较为具体、紧迫的指标。责任考核包括目标责任的设定、完成情况的查访核验、责任追究与相应的奖惩办法。

（3）积极推行循环经济、低碳经济包括规范重点企业的资源节约型模式审核和生产咨询机构管理，对全区所有重点企业开展资源节约方面的审核工作。在考核中，部分指标开展纵向比，看进步，但到一定程度就不能用了；部分指标横向比，看同行业内和不同行业间的比较；部分指标分类比，尤其注重重点行业、重点领域、重点产品物耗、能耗下降程度。

4. 建立健全社会评价体系

充分发挥人大、政协及各社会组织的监督作用，各级政府要定期向同级自觉接受监督。定期向人大常委会、政协和公众通报生态经济发展及资源节约情况，并接受监督。扩大群众对推进生态经济的知情权、参与权和监督权，对涉及生态经济与资源节约的重大规划项目和重大决策，要通过听证会、论证会和社会公示等形式，接受群众评议和监督。同时，借助第三方评价机构、专家专业人士等力量进行专业评估，作为党委政府内部考核评价的必要补充。

5. 加大发展生态经济的“绿色投入”

在现有的公共财政支出中都有自治区本级财政安排的“生态广西建设”资金投入，用于补助生态农业项目、生态县建设规划编制、生态文明村建设示范项目区实施。获得国家重点生态功能区转移支付资金 9.91 亿元，用于 26 个市县开展水源涵养、土壤保持、生物多样性保护等重要生态功能区建设。在科技进步的资助中也包含有节能降耗的财政支出。为更好地贯彻生态经济发展与资源节约型战略，还需要加大资源节约项目的财政支持力度，调整公共财政支出结构，把生态环保事业作为公共支出的重点，保证年年有项目带动、有资金保障，建立生态经济发展财政资金稳定增长机制。

自治区财政可整合相关领域专项资金集中投向资源节约与资源拓展的重点领域和重点项目。在静脉产业、海洋资源开拓和综合利用、环境污染综合防治等领域，筛选和组织一批重大项目，纳入国民经济和社会发展五年规划和年度计划并优先安排。积极争取中央专项资金的更多支持。

探索建立多元化生态投入机制。充分发挥市场机制的作用，鼓励和引导社会和民间资本、外来资本和金融信贷参与资源综合利用与资源开拓的项目，支持静脉产业中有作为的企业上市融资，尝试开展经营性项目，申请企业特许经营权、污水和垃圾处理收费权以及林地、矿山使用权等作为抵押物进行抵押贷款。

建立完善稳定的资源节约型战略实施资金管理体制与筹措机制，设立资源节约型专项资金，加强财政资金对资源节约型的奖励、补助。开展并不断完善绩效评价方法，提高资金的使用效率。

6. 加强政府绩效审计制度创新

政府审计作为国家经济建设重要的监管部门，承担着维护国家财政经济秩序、提高财政资金使用效益、促进廉政建设、保障国民经济和社会健康有序发展等义不容辞的社会责任。

在“两型社会”建设中，政府绩效审计要把重心放在资源使用过程中的绩效和污染防治等政府公共受托责任的履行上。为此，需要从制度建设和人员素质提升等方面予以改进。

具体实施过程表现为，在项目选择过程中，要重点关注重要基础设施政府投资项目的资源配置和资源节约问题，为投资把握方向，合理规划，关注政府投资效益，正确评价公共支出决策的科学性和合理性，从源头上控制和避免投资决策失误，促进财政资金使用的过程控制和追踪问效，提高财政资金安排使用的合法性和有效性，充分发挥政府投资在“两型社会”建设中的主渠道作用。

要制定科学合理的政府绩效评价标准，开展绩效审计，制定相应的绩效审计准则及工作指南，使审计工作在科学合理的标准指引下进行。政府绩效评价标准是衡量政府机关、公共部门及其项目资金使用效益的指标体系，具体包括公共资源耗费审计指标体系、政府管理绩效审计指标体系和项目绩效审计指标体系。要加强绩效审计队伍建设，提升绩效审计人员素质。

三、企业动力机制的转型

广西的战略转型要有企业经营战略的配合，关键在于企业要放弃粗放式增长、追求集约式增长、注重生态经济效益的动力机制。将企业争取利润最大化的基本目标与可持续发展、创新发展、绿色发展的目标有机结合。这一动力机制的转型有如下途径：①通过完善资源、环境、物种保护、职业病防治、消费者权益等保护的立法，严格执法，强制企业守法经营。②通过政策实施鼓励对企业在生产经营中遵循“三大发展”

的要求而产生良好效果，使企业的利益与社会利益完全结合起来。③通过舆论导向引领社会评价与舆论监督，推动企业自觉遵循“三大发展”的要求。以上是企业动力机制的外部影响。

更重要的是企业动力机制的内部塑造，依靠员工的新思维、企业家的明智，能使企业在“三大发展”要求下开展生产经营制度化、系统化、常态化，做到在生产中通过生态途径降低生产成本，取得生态经济效益；通过环境措施来改善企业的生产生活环境，增进员工身体健康，提高员工的积极性和增强企业对人才的吸引力；营销领域通过产品绿色化迎合社会的生态需求，取得市场竞争优势。同时，要在企业内部建立生态风险管理，培育生态型企业文化，开展生态型技术创新，注重生态型工业设计，建立企业内部的生态补偿制度。为了配合上述企业内部机制的营造，广西的各界（包括用户与消费者）要对绿色认证、绿色品牌、能效标识等有实际的重视。

四、社会支撑力的塑造

1. 夯实战略实施的科技和人才支撑能力

广西如果只依托某些自然资源优势与现有的产业基础，发展资源密集型产业与依托农业资源的加工业，难以进一步发展广西经济。因此，在发挥地方优势方面，广西的产业发展要遵循“扬长避短、发挥优势”与“取长补短、培育优势”两个原则，利用现有条件，创造新的条件，静态与动态相互动。“取长补短”是增强技术、人才等原来不丰裕的“新要素”，“扬长避短”是选择广西的资源密集型产业生态化等发展方向，培育科技方面的新优势，改变科技实力方面的劣势。在科技创新基础上实现产业创新，努力增强科技创新动力，加强企业技术创新能力，推动产学研合作与科技产业化进程，这样才能增强所选择的产业的竞争力，落实生态经济视角下产业发展的规划与构想。

在科技发展规划中，要加强资源节约项目的自主创新能力，整合科研资源，建立企业为主体、市场为导向、产学研相结合的技术创新体系。从全区实际出发，积极引进、消化、吸收和再创新国内外关键共性技术，自主研发高效实用的循环经济、低碳经济、能源替代等领域的技术，形成具有自主知识产权的核心技术和主导产品。建立生态产业关键技术重点实验室、环保科技产业基地，切实培育和发展各类科技中介服务机构，发展社会化与网络化科技中介服务体系，满足资源节约型战略对知识、技术和人才的需要。推进生态科技成果产业化和普及推广，创新科普方式，提高全民在生态经济领域的科技素养。

强化科技创新平台建设。加快区域科技创新服务中心、科技企业孵化器、企业研发中心、技术市场等平台建设，强化企业技术创新主体地位。借助广西高等院校、广西科研院所、科研单位的技术优势和人才优势，服务全区资源节约与资源拓展，自主研发、吸收引进推进广西实施资源节约型战略的新技术、新方法。大力开展科技成果应用与转化，加强知识产权创造、应用和保护，强化自主品牌和标准化建设，提高生态经济的科技含量和核心竞争力。

研究、开发、示范、推广以节能技术、节水技术、节材技术、节地技术、节矿技术和循环生产技术为主的适用技术，逐步建立起资源节约型、环境友好型产业的科技支撑体系。加大对各类生态系统的污染治理等关键技术的研究和推广。依靠科技开发替代资源，大力开发和利用可再生资源。加快发展环保科技产业，增强解决资源节约型经济中重大“瓶颈”的科技能力。建立农业生态科技推广、城市智能交通系统等公共服务体系，加快建设突发性自然灾害与防灾减灾等安全体系。

加强资源节约领域急需的专业人才队伍建设，加大生态科技人才的培养和引进力度，尤其是生态科技专家和生态建设工程领军人才。支持企业引进高层次人才，建立相关领域人才“小高地”和博士后工作站。开展多种形式的人才智力合作，集聚与生态经济发展相适应的各类专业技术人才。建立健全人才培养、使用、鼓励考评等机制，充分调动和发挥专业人才的积极性、创造性，为生态经济发展提供强有力的智力支撑。

综合运用生态经济学原理、可持续发展理论、产业聚集和产业生态理论，研究广西的资源节约型经济发展问题，以社会科学理论总结广西工业化中的资源循环利用与工业清洁生产的具体做法，包括发展资源节约型、生态型技术，工业生态园区建设，上升到理论层面。

2. 加强舆论引导，培育资源节约与其他生态文明意识

开展各类宣传活动。充分发挥新闻媒体的作用，通过电视、广播、报纸、网络等新闻渠道，加大资源节约与其他生态文明理念的宣传力度，宣传和弘扬正面典型，公开曝光反面典型，揭露浪费能源、破坏资源、污染环境的恶劣现象。推动生态文明理念进农村、进社区、进学校、进家庭、进企业、进机关。

积极倡导“生态环境就是资源、生态环境就是竞争力”的发展价值观和“保护生态环境就是保护生产力、改善生态环境就是发展生产力”的政绩观，不断提高全区干部群众的生态经济意识和素养。将生态文明内容纳入国民教育体系素质教育和区市县党校、行政学院教学培训计划。通过各种形式大力开展生态环境普法教育和环境警示教育，增强公众生态法制观念和维权意识。

推进绿色机关、绿色学校、绿色医院、绿色企业、绿色社区、绿色村镇、绿色饭店、绿色商场等“绿色系列”创建活动，使崇尚自然、善待生命、保护环境、节约资源成为社会风尚和道德规范，让先进生态文明理念、生态文明行为方式和生态文明道德规范渗透到每个单位、每个家庭、每个公民，形成人人自觉投身生态文明建设实践活动的社会氛围。

普及环境教育。一种新的社会发展模式能否顺利实施，受当地大众的价值观、道德观的影响很大，大众的积极参与是建立新社会发展模式的必要条件。以“唤醒对自然的责任”为主题，开展全民生态教育，使生态文明理念植根于广大人民群众头脑中，融入生产生活的各项工作。支持民间开展环保与资源节约的生态公益活动。进一步引导扶持生态环

保志愿者团队，开展志愿宣讲、专项服务等活动，积极投身生态文化建设。以“保护环境、青年先行”为主题，积极开展义务植树、废旧物品回收行动等活动，用志愿者的宣传和实际行动唤起人们心中的环保意识。以“全区民间环保公益使者评选”等新颖有效的活动为载体，引导与鼓励公众参与环境保护，为全区生态文明建设绿色转型做出贡献。

3. 推行资源节约、环境友好的消费方式

建立并完善引导激励绿色消费、低碳消费的服务体系，以绿色消费带动绿色生产，以绿色生产促进绿色消费。推行政府绿色采购制度，在机关事业单位率先实施节能、节水、节材行动。

养成垃圾分类回收和再生利用的习惯。不乱丢弃废电池、废塑料等垃圾、废物；将垃圾分类投放，变废为宝，使资源循环再生，造福人类。

第三节　促进资源节约型经济的制度安排

在实施资源节约型战略中，需要建立必要的制度安排，作为各领域、各部门相关工作的规则集合。

一、生态补偿制度

生态补偿，就是应用政府转移支付手段与非市场定价，对遵循宏观生态要求的地方与有关经济主体给予经济补偿。生态补偿的对象与含义都比较广泛，这里阐述的是以资源维护、资源拓展相关事项来开展的补偿。生态补偿的形式可以是多样的，包括核定的财政补贴与政策优惠方式。贫困地区的扶贫资金可以加进生态补偿的内容，但不能与针对消除贫困的扶助重合，必须有明确的生态内容。要建立和完善生态补偿机制，进一步拓宽补偿范围、深化补偿内容、增加补偿资金，在县域范围内探索“资金横向转移”补偿模式。

本书所说的生态补偿有以下几点依据：

（1）为维护植被资源的生态补偿。政策中的退耕还林、退耕还草就属于这类。为维护生态环境中的树林或草坡，退耕引起当地村民从粮食自给生产转为市场获取，这里就有经济风险。粮食是群众生活的必需品，替代粮食生产的，可能是经济林种植或发展畜牧业，也可能是生态林种植。前者需要若干年份的投入，后者则只能因地制宜地发展林下经济，多多少少为生态环境而牺牲了物质生产。无论哪种情况，都需要予以补偿。前者应扶持性资助与购粮补贴，后者应根据生态林数量质量，由国家代表社会来实施“生态购买”。这样，方可消除退耕还林、还草造成的直接经济损失与经济风险。

（2）为维护区域总体生态资源的补偿。补偿对象是在主体功能区划中处于限制开发和禁止开发的区域。主体功能区的划分体现了经济与生态双重要求的区域分工，避免了盲目的地区攀比与竞争。一些地方的生态环境与资源承受力低下，没有条件像发达地区那样通过工业化、城市化来实现经济发达、繁荣。在重点生态功能区连农业也要限制。广西位于桂黔滇喀斯特地貌的石漠化防治生态功能区，就是国家设定的重点生态功能区之一，这里有以岩溶环境为主的特殊生态系统，生态脆弱性极高，土壤一旦流失，生态恢复难度极大。为解决目前生态系统退化问题突出、植被覆盖率低、石漠化面积加大的问题，就要将水土保持规定为这类区域的生态功能，主要措施是封山育林育草、种草养畜、实施生态移民、改变耕作方式等。这里既要舍弃一些产业发展机会，又要投入相应的财力来实施其生态功能措施，完全的生态补偿数额必然很大，需要根据中央和自治区两级财政的转移支付能力逐步增加。

（3）为维护物种资源的补偿。该补偿用于自然保护区，它们的存在对于全国与世界的生态平衡有重大意义，而这里的经济建设受到更严格的规模与结构控制。广西有一批国家级、自治区级以及市县级的自然保护区，应根据自然保护区的级别，分别由各级财政以拨付财政补贴的形式对自然保护区给予生态补偿，将补偿财力用于推进当地的产业生态化，资助当地的能源、交通、通信等基础设施建设。

（4）为保护矿产资源的补偿。20世纪80年代鼓励发展商品生产时提出针对矿产资源的“有水快流”的方针，从可持续发展观来看是错误的。现在看来，对矿产资源开发，绝不能什么“水”都快流，有的要快流，有的要慢流，有的要暂时不流。比如，一些珍稀资源只能用于国内，不宜出口，国内需要暂时不大的，就暂缓开发；一些原材料工业已经产能过剩，或供过于求、国际市场价格大跌，这就要减产了；一些矿产资源要深加工，限制规模扩张，集中加工度提升，开发规模必然需要限制；有的矿产资源开发要重生态效益，不要太在意资源丰度上的经济成本，杜绝“就富弃贫”，为了使必要的限制开发得以实施，要根据各种情况以财力补偿加以配合。

二、生产者责任延伸制度

为保证对生产过程的废弃物进行资源化利用，应借鉴国际经验，建立生产者责任延伸制度。

建立这个制度，就要规定产品的生产制造者对产品使用寿命终结后产品的回收、循环利用和最终处理承担责任。其要求主要有以下三点：第一，生产者在产品设计时考虑部分分解的便利，材料选择时更多地考虑一旦废旧之后拆卸对环境的影响。第二，在生产者与销售者之间有协议，共同对消费者在商品报废之时负责回收，并给予适当回报。第三，生产者在回收废旧产品之后，根据实际情况与技术可行性，分别进行更新、分解、拆卸，对部件或原料予以最充分的资源化利用。此外，这个制度还可以用于包装材料生产者负责处理包装废弃物。

三、排污权交易制度

国务院办公厅印发了推进排污权有偿使用的指导意见，确定了 2017 年年底基本建成这一制度的目标。广西真正实施要等待此时，但现在要做好以下相应准备：首先，排污权交易制度建立的基础是污染物的总量控制，排污权交易就是根据一定的污染物排放总量，向各个排污企业分配排污权，以符合一个地区特定的污染总量排放水平或环境标准，然后准许各个持有排污权的排污企业进行交易。因此，将相关地区的污染总量排放水平或环境标准事先规定下来，有关企业再将自己的治污水平做出提高的规划，以应对排污权交易制度实施。其次，对此项制度安排的实施，政府与企业都要清楚，它仅是借助市场机制来解决污染治理的方法之一。由于每个排污企业都必须自己治理污染以达到总量控制的标准，一些治理成本高的排污企业将不堪重负，而治理成本低的排污企业又不愿多承担治理责任。有了排污权的市场交易，后者可能以较低的代价从前者那里得到一定数额的排污权，既能使地区达到污染总量控制的标准，又能降低整个社会的治理成本。超出这个用途，就不能用这一制度安排来解决污染问题。再次，排污权交易的双方企业都面临两种选择；对于排污权购买方，它是在三种选择（治理污染、缴纳罚款、购买排污权）中根据代价选择了后者。对于排污权出售方，它是在两种选择（刚好达到治污标准而节省成本、尽力提高治污水平而出售排污权）中根据经济效益选择了后者。这是有利于企业界提高治污水平的，但企业的根本动力还是整个社会外部环境在鼓励生态型生产。最后，在技术上，要探索推进化学需氧量交易、二氧化硫交易等主要污染物排放权和水资源使用权交易。

四、建立健全矿产资源资产化管理制度

构建与社会主义市场经济体制相适应的矿产资源管理模式，达到产

权清晰，权能结构合理，使产权制度符合矿产资源开发的特性，将资产化管理与资源性管理有机结合。

矿产资源资产化管理属于市场经济的规范，以市场经济的产权制度为规范，确保资源产权明确，资源所有权、收益权、处置权相一致，竞争和风险约束有效，能使政府、企业不会出现对资源的浪费性使用。凡属于国家所有的矿产资源，在明确公告、广为宣传之后，通过强化财产管理来解决矿产资源的开发权问题，非法占有矿产资源开发场所的，要强制撤销，把国家和人民的利益收回来，杜绝“谁占有资源谁就一夜暴富”的现象。

在市场引导方面，应当逐步建立有关矿产资源有偿使用机制。全面制定资源价值补偿制度，保证生态资源环境的永续利用。矿产资源的开发利用主体向所有权主体交纳资源开发费，与矿产资源权益相联系的是环境保护责任。坚持“谁开发谁保护、谁破坏谁治理、谁受益谁补偿”的原则。

矿产资源性管理以政府经济发展规划为依据，矿产资源所在地的经济发展规划包括矿产资源开发规划。矿产资源开发利用规划一经审批，并经人大审核，就具有法律效力，必须严格执行。市县国土资源主管部门要切实加强矿产资源的管理职能，强化监督管理。推行总量调控制度，开展经常性供需预测分析，调控矿产资源开采、供应总量。控制矿业权投放总量，有限制地投放新的采矿权，一个矿产地原则上只设立一个矿业权；通过矿业秩序整顿和矿山企业的关、停、并、转，逐步实现科学开采。实行分类、分区勘察、开采制度。公益性勘探、投资主要用于支持《资源富集地区矿产资源开发利用规划》确定的目标区和目标矿种的调查评价工作。建立最低勘察投入和规定开采规模制度。探矿权人在勘察区内必须按规定完成最低勘探投入。规定新建、续建、变更和扩建的矿山须达到最低开采规模，低于最低开采规模的矿山必须限期整改提高。严把项目审批关，严格矿山建设申报条件和审批程序，搞好地勘单位的资质管理，把好勘察、开采准入关。

提出具体实施中须解决的采出率标准确定、实际采出率测算等问题的可行办法，制定出切合实际的激励机制与调控模式。同时，要建立资源型企业可持续发展准备金制度。要求资源型企业以准备金的形式，预留未来可持续发展所需资金，并在税前列入产品成本，专门用于环境恢复与生态补偿、发展接续替代产业、解决企业历史遗留问题和企业关闭后的善后工作。

五、推进绿色政府采购制度

在政府采购中扶持绿色产品，加强对绿色环保产品的采购和支持。

第四节　促进资源节约型经济的政策

一、政策概述

政策支持是政府实施发展战略的基本手段之一。政府实施资源节约型战略的工作规划，其中既包含发展循环经济、低碳经济与构建现代生态型产业体系等方面的内容，又包含完成走新型工业化和绿色城镇化道路的历史性任务。为调动各类市场主体配合这些战略目标，必要的政策倾斜需要发挥自身的功能。市场很难有效地提供这种功能。正确处理政府和市场的分工合作，做到政府既不越位又不缺位，就必须要发挥好政策倾斜的支持功能。

促进资源节约型经济的政策有两类，一类是按政策调节对象划分，如产业政策、科技政策、人力资源、土地政策；另一类是按照政策调节手段属性划分，如信贷政策、价格政策、财政支出政策、税收政策、融资补贴政策。

在第一类政策中，产业政策将鼓励各个产业进行自我改造，努力塑造符合循环经济、低碳经济的业态，并扶植生态农业、生态工业和生态旅游的发展。科技政策将鼓励产学研联合的技术创新和生态创新体系，人力资源政策将鼓励发展生态型人才成长与使用的教育投资与人事规定，土地政策主要用于化解过剩产能。

在第二类政策中，信贷政策不是地方政府可实行的，但可以在信贷工作的服务当中体现当地政府的倾斜。价格政府在市场经济中只能保留一小块领地，就是由政府制订的水电价格要能够促进使用者的节约使用。

二、政府的间接调控体制

我国现在实行市场经济，宏观调控必须是一种间接调控为主的体系，而间接调控所依靠的主要是两大政策手段，即货币政策和财政税收政策。政府宏观调控所运用的计划手段、区域协调手段、收入分配手段等，在实际经济生活中都需要依靠这两大政策的各种工具去实现其调控目标。

货币政策的作用是推行“绿色资本”市场，建立和完善“绿色信贷”机制，对资源节约、环境友好的优质企业在上市融资、公司贷款、企业债券发行等方面给予更多的政策倾斜。积极探索绿色保险机制，探索环境污染责任保险。

然而，货币政策在经济生活中基本上不能地方化、部门化，因为中央银行调控的商业性的金融体系带有垂直、全国一律、总量调节的特点，特别是在“长效机制”概念上更不可能地方化、部门化。而财政税收政策在配合货币政策作总量调节的同时，却可以也必须侧重于优化结构、区别对待、雪中送炭、有保有压、各地不一、具体设计。它客观上需要由地方政府根据本地的实际情况来中、微观化，应该成为地方的主力型调控工具，对于实施发展战略应该成为重要法宝。因此，要充分发挥财政税收政策在矫正市场失灵、实现地方政府辖区内发展方式转变、贯彻资源节约型战略要点等方面的重要作用，形成一种带有主导性质的政策手段。

所以，在政府需要合理、有效运用的多种贯彻规划与实施政策支持的手段中，财政税收政策手段是最重要的。它包括发展生态经济中对提升资源节约的能力、引领产业发展方向、激励市场主体创新行为当中体现重点选择、目标倾斜支持和区别对待的作用，并强调在政策中要注重决策机制的建设。

三、实施财政税收政策的具体着力点

结合资源节约型战略的实施，建议在以下方面重点考虑配套使用财税政策：

（1）发展循环经济方面。应该考虑以税收优惠、财政补助、贴息、政府采购、政策性投融资等手段，以及积极试验排污权交易、生态补偿等市场化方式，支持节能降耗、减排治污、循环式清洁生产的技术、项目与工程的发展，支持辖区和周边地区通盘的生态建设。对节能研发、技术应用，推广新技术用于治理已有污染的项目予以减免企业所得税等税收优惠。

（2）构建现代产业体系方面。应该利用财税所掌握的税收优惠、贴息、信用担保、创新型企业发展基金的发放等手段，支持高新科技产业和现代服务业发展，积极促进传统产业的升级换代改造，促进产业结构调整。重点加大对产业集团发展和产业链延伸、整合有增长点意义的龙头项目的支持力度。逐步推广太阳能、风能等的应用，实行新能源补贴政策。

（3）完善环境保护的经济政策体系方面。巩固对环境进行补偿的排污收费政策。

（4）促进城乡资源节约型经济一体化发展方面。应该以财税的经济杠杆和公共财政投入，积极贯彻在城乡接合部实现城区改造和新农村建设规划，加快旧城改造、新区建设、与公用事业发展相关的基础设施和公共工程建设。

（5）提升城市软实力的文化创新方面。应该考虑以税收优惠、财政资助、机制转换等手段，促进文化、教育、科研、卫生、体育事业，以及相关交流活动的发展兴旺。

四、在政策倾斜支持和区别对待中的决策机制建设

财政税收政策的实施有很强的区别对待特点，当中有可能伴生着“设租寻租”。如果本该给予支持的因被扭曲而没有得到支持，不该支持的因“寻租”而得到了支持，就会把一个好的政策导向变成实际的资源错误配置。因此，必须通过“两型社会”建设中公共财政导向下理财的民主化、法治化得到落实，要有创新和制度建设。从我国经济发展方式转变的进程来看，科学决策、民主决策的导向越来越鲜明。虽然实施难度很大，但方向是不可改变的，它要求公开化、透明化，实行专家论证、集体决策、内外多重审计监督等。只有这样政府才能够长久地保持政策理性，防抑扭曲、失误，抑制“设租寻租”等行为。

可以预计，在具体调动可用财力支持经济社会薄弱方面的结构安排上，推进资源节约型和环境友好型社会建设、促进发展方式转变肯定是重中之重，可运用的手段也多种多样。比如，在税收政策调整方面，增值税转型推向全国，逐步扩大到全覆盖。结构性减税，增值税转型尽管会减少财政收入，但它对于企业作为投资主体的长远机制建设有重要的支持作用，配合减税还可以有结构性地增税，资源税就应有所增加。考虑把资源税的重大调整和增值税的转型组合推出，这样既能冲抵财政减收的压力，同时对于转变发展方式又具有长远的现实意义，它会促使企业和社会成员更加珍惜地使用资源、能源产品，促进一系列有利于节能降耗、减排治污的项目和工艺技术的发展。

在财政政策强调有保有压、促进产业生态化的政策导向下，从中央最高决策层到有关部门都将会以更为实际的政策来支持节能降耗、减排治污、清洁生产、循环经济、可再生能源利用等项目的开发和发展。

另外，政策手段也有多样性。在我国的现实经济活动中，有很多地方正在按照国际前沿理念 PPP（公司合作伙伴关系），存在、发展着多种具体的方式和手段。现在很多地方越来越发挥其重要作用的 BOT、POT，以及政府贴息、信用担保等方式。实际上都是通过政府的适当资金介入，发挥“四两拨千斤”的导向作用，或者以政府的管理通过特许权经营的方式，调动、吸引社会资金进入政府想给予支持、重点发展的基础设施和其他项目的领域。

五、进一步完善矿产资源高效利用的政策体系

（1）争取国家政策支持。广西的资源富集区地区矿产资源综合利用和循环经济发展，要争取获得中央政府的直接支持，纳入全国发展规划。体现在以下方面：首先，由国家有关部门牵头，组织全国科研力量对主要矿产资源综合利用开展科技联合攻关。其次，研究和制定矿产资源综合利用技术成果转化及产业化研究基地建设特殊优惠政策，批准系列产品开发技术研究基地享受国家高新技术产业开发区有关优惠政策。最后，建立促进矿产资源综合利用的税收优惠政策。尽快调整资源税费，提高增值税地方分成比例；由政府投资建设的公益、公共基础设施项目，企业投资建设的应实行税前扣除政策；建立地质勘查基金；对于采用先进工艺技术开采贫矿、尾矿及难选冶矿产资源的企业，适当减免资源税等相关税费；加大资金投入和财政转移支付、金融信贷支持等力度。

（2）强化区级支持政策。自治区政府要对资源富集区地区矿产资源开发利用在政策上给予更多的实质性资助。在全区各项开发资金安排上，资源富集区地区所占比例应明显高于其他地区所占比例；将资源富集区地区的基础设施建设项目，特别是主要矿区的铁路、公路等交通建设项目列为区级重点建设项目，并上报国家有关部门尽力优先安排；给资源富集区地区更多的决策自主权，自行处理资源开发中的重大问题；减免各项行政事业性收费，为循环型企业的入驻投资创造良好的环境；调整

资源性产品与最终产品的比价关系，理顺矿产资源价格，逐步建立能够反映资源性产品供求关系的价格机制。

（3）完善地方政策支持。首先，制定土地优惠政策。认定为循环经济产业链中的项目或企业除法律另有规定外，应低额有偿使用国有土地，对各类经营性用地的国有土地使用权企业应通过招标、拍卖或挂牌方式取得，其他建设用地的国有土地使用权可以协议出让方式取得；定为循环经济产业链中的项目或企业用地，以协议出让方式取得国有土地使用权；认定为循环经济产业链的非营利项目用地和属于循环经济产业链中的项目或企业在区内兴办环境保护、城市道路、能源、水利等基础设施项目的建设用地，可以低价使用国有划拨土地。

其次，提升税收优惠政策。认定为循环经济产业链中的项目或企业，采取物价补贴、企业亏损补贴、财政贴息、税前还贷、固定资产加速折旧等措施，促进企业发展；为构建循环经济产业链的形成，不能盈利的企业或项目，应免征所有税收；认定为循环经济产业链中的项目或企业，实行“5免5减半”的企业所得税政策；认定为循环经济产业链中的项目或企业，利用利润在区内再投资，期限超过5年的返回已交企业所得税；认定为循环经济产业链中的项目或企业，5年内免征城市房地产税、土地使用税、契税、教育费附加和城市维护建设税等。

再次，矿产资源开发优惠政策。开采回收矿产资源主矿种以外的共、伴生矿产，资源补偿费可免缴5年；采用先进技术开采区内难以开发利用的矿产资源，可免缴资源补偿费；采用先进技术开采回收共、伴生矿产，可免缴共、伴生矿产资源补偿费；利用尾矿的，可免缴资源补偿费。

最后，研究制定促进矿产资源综合利用的激励政策。研究制定抑制矿产资源过度消费的税收及税负转移政策；研究制定能源节约与矿产资源综合利用的公共财政支持政策；研究制定能源节约与矿产资源综合利用技术改造项目纳入政策性银行支持范围，并在贷款方面给予优惠的政策；对能源消耗高、污染重的产品和设备课以重税，促使其淘汰。

参考文献

[1] 罗马俱乐部:《增长的极限》,四川人民出版社 1983 年版,第 140 页。

[2] 刘思华:《生态与经济协调互促:现代经济发展模式重构》,《中南财经大学学报》1994 年第 1 期。

[3] 刘思华主编:《可持续发展经济学》,湖北人民出版社 1997 年版,第 178–184 页。

[4] 上海《支部生活》编辑部、上海三联书店编:《生命,农业》,载《科学技术的现在与未来》(丛书),上海三联书店 2001 年版,第 108、112–115、155–156 页。

[5] [德] 赫尔曼·舍尔:《阳光经济》,黄凤祝、巴黑译,生活·读书·新知三联书店 2000 年版,第 25、31、75–80 页。

[6] 黄润华:《人口与资源》,载钱易、唐孝炎主编:《环境保护与持续发展》,高等教育出版社 2000 年版,第 27 页。

[7] 刘思华主编:《绿色经济论——经济发展理论变革与中国经济再造》,中国财政经济出版社 2001 年版,第 15 页。

[8] 杨川:《国际可持续发展战略评价和比较》,载王伟中主编:《国际可持续发展战略比较研究》,商务印书馆 2000 年版,第 555 页。

[9] 李平:《知识经济与产业革命》,经济管理出版社 1999 年版,第 39 页。

［10］庄子银：《新增长理论的兴起和发展》，载谭崇台主编：《发展经济学的新发展》，武汉大学出版社 1999 年版，第 392 页。

［11］T.E. Graedel，B.R. Allenby：《产业生态学》，施涵译，清华大学出版社 2004 年版。

［12］Suren Erkman：《工业生态学——怎样实施超工业社会的可持续发展》，徐兴元译，经济日报出版社 1999 年版。

［13］Braden R. Allenby：《工业生态学：政策框架与实施》，清华大学出版社 2005 年版。

［14］邓南圣、吴峰：《工业生态学——理论与应用》，化学工业出版社 2002 年版。

［15］保罗·霍肯：《商业生态学：可持续发展的宣言》，上海译文出版社 2001 年版。

［16］王寿兵、吴峰、 刘晶茹：《产业生态学》，化学工业出版社 2006 年版。

［17］周文宗、刘金娥、左平、王光：《生态产业与产业生态学》，化学工业出版社 2005 年版。

［18］罗珉：《组织理论的新发展——种群生态理论的贡献》，《外国经济与管理》2001 年第 10 期。

［19］张艳辉：《基于生态学视角对产业经济理论的重新阐释》，《产业经济研究》2005 年第 4 期，第 30-37 页。

［20］马尔萨斯：《人口原理》，商务印书馆 1961 年版。

［21］亚当·斯密：《国民财富的性质和原因的研究》，商务印书馆 1984 年版，第 155 页。

［22］马歇尔：《经济学原理》，商务印书馆 1983 年版。

［23］中共中央马克思恩格斯列宁斯大林著作编译局：《马克思恩格斯选集》（第 2 卷），人民出版社 1972 年版。

［24］中共中央马克思恩格斯列宁斯大林著作编译局：《马克思恩格斯

全集》(第 25 卷),人民出版社 1972 年版。

[25] 中共中央马克思恩格斯列宁斯大林著作编译局:《马克思恩格斯选集》(第 3 卷),人民出版社 1972 年版。

[26] 米都斯等:《增长的极限》,吉林人民出版社 1997 年版。

[27] 莱斯特·R.布朗:《生态经济:有利于地球的经济构想》,东方出版社 2002 年版。

[28] Paul Hawhen、Amory Lovins、L.Hunter Lovins:《自然资本论:关于下一次工业革命》,上海科学普及出版社 2000 年版。

[29] 张帆:《环境与自然资源经济学》,上海人民出版社 1998 年版。

[30] Herman E. Daly:《超越增长:可持续发展的经济学》,诸大建等译,上海译文出版社 2001 年版。

[31] 郭声琨:《广西生态立区、绿色崛起、科学发展》,湖北环保产业网,2012 年 3 月 12 日。

[32] 秦毓军、胡宝清、陈向奎:《广西循环经济发展策略初探》,《沿海企业与科技》2011 年第 7 期。

[33] 曾铁强:《迈上可持续发展的产业大道——桂西资源富集区转型发展综述》,《广西日报》2010 年 11 月 7 日。

[34] 刘红玉:《大力推进生态化技术创新引领经济复苏》,《科技管理研究》2010 年第 18 期。

[35] 广西壮族自治区发展和改革委员会:《广西壮族自治区战略性新兴产业发展“十二五”规划》(2011~2015 年)。

[36]《广西北部湾经济区发展规划》,2014 年修订。

[37] 朱启贵:《可持续发展评估》,上海财经大学出版社 1999 年版。

[38] 杨忠直:《企业生态学引论》,科学出版社 2003 年版。

[39] 厉无畏、王振:《转变经济增长方式研究》,学林出版社 2006 年版。

[40] 厉无畏、王振:《科学发展观与新一轮经济增长》,学林出版社

2005 年版。

[41] 马传栋：《论发展循环经济，建设资源节约型、环境友好型社会》，《山东社会科学》2006 年第 2 期。

[42] 王凤、雷小毓：《节约型社会的内涵及其构建》，《经济学家》2006 年第 5 期。

[43] 程乐夫：《中国实现资源节约型经济的可能性分析》，《经济与管理研究》2005 年第 4 期。

[44] 刘红玉：《大力推进生态化技术创新引领经济复苏》，《科技管理研究》2010 年第 18 期。

[45] 张艳辉：《产业生态学：资源节约型经济的理论基础》，《经济学家》2006 年第 1 期。

[46] 王海建：《资源约束、环境污染与内生经济增长》，《复旦大学学报》（社会科学版）2000 年第 1 期，第 76-80 页。

[47] 刘秋海主编：《赢在绿金时代——广西新型工业化道路与贺州市循环经济发展理论研讨会论文集》，广西师范大学出版社 2013 年版。

[48] 韦茂才：《桂西资源开发新思路》，广西人民出版社 2012 年版。

[49] 章远新：《发展改革工作研究》（上）（下），广西师范大学出版社 2012 年版。

[50] 诸大建：《从可持续发展到循环经济》，载张坤：《循环经济理论与实践》，中国环境科学出版社 2003 年版。

[51] 吴季松：《科学发展观与中国循环经济战略》，新华出版社 2006 年版。

[52] 周宏春、魏际刚、刘丽莉：《中国循环经济的发展模式》，《经济研究参考》2006 年第 46 期。

[53] 冯之浚：《论循环经济》，载冯之浚：《中国循环经济高端论坛》，人民出版社 2005 年版。

[54] 马凯：《贯彻和落实科学发展观，大力推进循环经济发展》，载

冯之浚：《中国循环经济高端论坛》，人民出版社 2005 年版。

［55］任勇：《中国循环经济内涵及有关理论问题探讨》，载 《循环经济发展之路》，人民出版社 2006 年版。

［56］李慧明、朱红伟、廖卓玲：《论循环经济与产业生态系统之构建》，《现代财经》2005 年第 4 期，第 8–11 页。

［57］樊海林、程远：《产业生态：一个企业竞争的视角》，《中国工业经济》2004 年第 3 期，第 29–36 页。

［58］郭守前：《产业生态化创新的理论与实践》，《生态经济》2002 年第 4 期，第 34–37 页。

［59］黄志斌、王晓华：《产业生态化的经济学分析与对策探讨》，《华东经济管理》2000 年第 3 期，第 7–8 页。

［60］赵林飞：《产业生态化的若干问题研究》，浙江大学 2003 年硕士学位论文。

［61］诸大建、朱远：《循环经济：三个方面的深化研究》，《社会科学》 2006 年第 4 期，第 46–55 页。

［62］周宏春、刘燕华等：《循环经济学》，中国发展出版社 2005 年版。

［63］曹葵、牛桓云：《发展循环经济的内生经济增长模型》，载张坤：《循环经济理论与实践》，中国环境科学出版社 2003 年版。

［64］龚丽媛：《国内外静脉产业理论研究进展》，《河北工程大学学报》2010 年第 2 期。

［65］国家环境保护总局：《静脉产业类生态工业园区标准（试行）》，中国环境科学出版社 2006 年版。

［66］孟耀、於嘉：《静脉产业、循环经济与节能减排》，《东北财经大学学报》2008 年第 4 期。

［67］郭廷杰：《借鉴国际先进经验振兴我国再生资源产业》，《再生资源研究》2003 年第 6 期。

［68］王爱兰：《再生资源产业发展的国际经验与我国的对策选择》，

《城市环境与城市生态》2006 年第 3 期。

［69］朱守先、张雷：《静脉产业发展模式探讨》，《生态经济》2007 年第 11 期。

［70］张小冲、李赶顺：《中国循环经济发展模式新论》，人民出版社 2009 年版。

［71］广西壮族自治区人民政府网站：《广西循环经济发展“十二五”规划》，http：//www.gxzf.gov.cn/zwgk/zfwj/zzqrmzfwj/201306/t20130614_422433.htm，2013 年 6 月 14 日。

［72］陈钊：《区域经济生态化研究》，四川大学出版社 2011 年版，第 277–308 页。

［73］《中国共产党广西壮族自治区第十次代表大会关于中共广西壮族自治区第九届委员会报告的决议》，《广西日报》2011 年 11 月 16 日第 4 版。

［74］《中国统计年鉴—2012》，中国统计出版社 2012 年版，第 283 页。

［75］蒋高明、李媛媛、李静：《农民为何重新喜欢有机肥?》，《科学时报》2010 年 8 月 13 日 A3 版。

［76］李慈军：《试论广西木薯产业发展的战略选择》，《广西经济》2013 年第 6 期，第 39 页。

［77］《广西生物质能源产业发展，中国专家“把脉”》，中国新闻网，2012 年 3 月 24 日。

［78］郭曦：《推动柳来河区域工业低碳发展的路径选择分析》，《广西财经学院学报》2015 年第 5 期。

［79］王如松、杨建新：《产业生态学和生态产业转型》，《世界科技研究与发展》2000 年第 5 期，第 24–32 页。

［80］李周：《生态产业初探》，《中国农村经济》1998 年第 7 期，第 4–9 页。

［81］袁增伟、毕军、张炳、刘文英：《传统产业生态化模式研究及应

用》,《中国人口·资源与环境》2004 年第 2 期，第 108–111 页。

[82] 刘思华:《论产业经济的变革及现代产业结构的知识化与生态化趋势》,《中国生态农业学报》2001 年第 2 期，第 28–30 页。

[83] 王如松、杨建新:《从褐色工业到绿色文明》，上海科学技术出版社 2002 年版。

[84] 孙宁、胡汉辉:《产业可持续发展分析》，东南大学出版社 2003 年版。

[85] 金碚:《资源与环境约束下的中国工业发展》,《中国工业经济》2005 年第 4 期。

[86] 邓伟根、王贵明:《产业生态学导论》，中国社会科学出版社 2006 年版。

[87] 段宁:《中国生态工业的发展》，载张坤:《循环经济理论与实践》，中国环境科学出版社 2003 年版，第 141 页。

[88] 厉无畏、王慧敏:《国际产业发展的三大趋势分析》,《上海社会科学院学术（季刊)》2002 年第 2 期，第 53–60 页。

[89] 武兰芳、欧阳竹、唐登银、程维新、张兴权:《生态农业发展新思路》,《中国生态农业学报》2004 年第 1 期，第 26–28 页。

[90] 易斌、燕中凯:《我国环境服务业市场的基本状况》,《中国环保产业》2002 年第 9 期。

[91] 徐嵩龄:《环境产业兴起与我国的政策选择》,《中国人口·环境与资源》2000 年第 3 期。

[92] 李树:《促进我国环保产业发展的策略选择》,《开发研究》2005 年第 4 期。

[93] 国家环保总局:《环保总局通报：2004 年全国环保产业状况》。

[94] 国家环境保护总局:《全国生态保护“十一五”规划》, http://www.zhb.gov.cn/natu/stbh/js/200610/t20061018_94783.htm, 2006 年 10 月 18 日。

[95] 王继东、王杰：《基于生态经济的广西产业结构升级研究》，《东南亚纵横》2009 年第 10 期。

[96] 孙佑海：《循环经济与立法研究》，载冯之浚：《中国循环经济高端论坛》，人民出版社 2005 年版。

[97]《广西"十二五"规划前期战略研究》，第 540 页。

[98]《中华人民共和国循环经济促进法》，中国政府法制信息网，http：//www.chinalaw.gov.cn/article/fgkd/xfg/fl/200809/20080900053526.shtml，2008 年 9 月 2 日。

[99] 邓子基、韩瑜：《促进循环经济发展的税收制度设计》，《税务研究》2008 年第 3 期。

[100] 吴莉云：《促进循环经济发展的生态税收体系构建研究》，《北方经济》2008 年第 10 期。

[101] 关小虎：《促进循环经济发展的税收政策研究》，中国税务出版社 2008 年版，第 23、195、199 页。

[102] 单宝：《政府政策与循环经济发展》，《生态经济》2005 年第 10 期，第 47-49 页。

[103] 翟娟、郭晴：《循环经济发展理论下的我国政府政策研究》，《生态经济》2014 年第 1 期，第 47-51 页。

[104] 薛青：《支持广西循环经济发展的税收政策研究》，《广西大学学报》2010 年第 6 期，第 23 页。

[105] 刘扬：《促进循环经济发展的税收政策研究》，吉林财经大学 2010 年硕士学位论文。

[106]《中共中央关于全面深化改革若干重大问题的决定（全文）》，凤凰网，http：//finance.ifeng.com/a/20131115/11093995_0.shtml，2013 年 11 月 15 日。

[107] 徐娟：《我国循环经济法律制度的完善研究》，西北农林科技大学 2012 年硕士学位论文。

［108］ 崔维程：《完善循环经济激励机制研究》，西北农林科技大学2013 年硕士学位论文。

［109］ 朱鹏颐：《农业生态经济发展模式与战术探讨》，《中国软科学》2015 年第 1 期，第 28 页。

后　记

生态经济和可持续发展战略是当今全球发展面临的一个关键问题，也是未来人类面临的最大挑战之一。

自从 1968 年罗马俱乐部发表题为“增长的极限”的研究报告以来，各国对地球的生态环境及相关的资源、环境问题给予了高度关注，相关研究的著述瀚如烟海。本书就属于上述研究领域的一项小小的课题。

本人长期从事宏观经济和经济发展研究，以及企业理论和公司治理的研究和教学工作。但是，出于对人类终极命运的关注，也被转入到生态经济和可持续发展问题的研究中来，并且发表了数篇相关研究论文。2011 年，我申请了广西社会科学基金课题“生态经济与广西资源节约型经济战略研究”（课题号：11FJL003），本书就是这个课题的研究成果。

自 1986 年进入广西大学起，我已从教 32 年。在这 32 年中，凭着自己对知识的渴望，我广泛涉猎了中国传统文化，以及历史、哲学和宗教。对于国家发展过程中遇到的各种问题，从宏观经济到制度研究，从中国古代周易到现代社会科学，从国家的兴衰到地缘政治，从科技创新到教育改革，都有极其广泛的兴趣和动力去思考、去研究。而理论联系实际，独立思考，是我永远的思想方法。

也许是自己的兴趣太泛，关注的问题太广，没有专注于某一领域的深入研究，自己在经济学领域的学术成果乏善可陈。2011 年在经济科学出版社出版的《隐含契约下国有企业高管更替问题研究》，是基于本人博士论文在企业理论方面的一个成果，而在广西社会科学基金课题“生态经济与广西资源节约型经济战略研究”基础上出版的本书，则是另一个成果。由于缺乏研究经费的支持，研究过程遇到不少困难，也缺乏足够的实地调查，因此书中还有许多不足，欢迎读者批评指正。

最后，本书的出版得益于课题组成员李欣广教授、林海涛博士、杨以轩硕士和我其他研究生的辛勤付出，得益于我的妻子王培玉和我父母的支持与无私奉献，得益于经济管理出版社编辑们的帮助。感谢你们！没有你们的帮助，绝不会有这本拙著的问世。

广西大学商学院教授　**李敬湘**

2018 年 3 月 31 日